薛瑞萍班级日志

书声琅琅的三年级（下）

薛瑞萍 著

江西教育出版社
JIANGXI EDUCATION PUBLISHING HOUSE
·南昌·

图书在版编目（CIP）数据

书声琅琅的三年级．下 / 薛瑞萍著．-- 南昌：江西教育出版社，2020.11
（薛瑞萍班级日志）
ISBN 978-7-5705-2005-3

Ⅰ．①书… Ⅱ．①薛… Ⅲ．①小学语文课—教学研究 Ⅳ．① G623.202

中国版本图书馆 CIP 数据核字（2020）第 159642 号

书声琅琅的三年级（下）
SHUSHENG-LANGLANG DE SAN NIANJI（XIA）
薛瑞萍　著

江西教育出版社出版
（南昌市抚河北路 291 号　邮编：330008）
各地新华书店经销
江西千叶彩印有限公司印刷
开本 880 毫米 ×1230 毫米　1/32　印张 8　字数 133 千字
2020 年 11 月第 1 版　2020 年 11 月第 1 次印刷
ISBN　978-7-5705-2005-3
定价：36.00 元

赣教版图书如有印装质量问题，请向我社调换　电话：0791-86710427
投稿邮箱：JXJYCBS@163.com　电话：0791-86705643
网址：http://www.jxeph.com

赣版权登字 -02-2020-381

序言

Preface

只是陪伴

一

1979年10月，赵化玉老师引导同学们写日记。那年我14岁，正读初二。14岁，初二，才开始学写日记！那是怎样一个散漫而魔幻的年代！

倏忽41年过去。敝帚自珍的20多本自说自话也好，教育论坛上的教学叙事也好，喜马拉雅App上的“看云读书”系列讲述也好……都是日记，是寻常岁月在文字和声音里留下的印记。源头，都在教我语文的赵老师那里！

对我来说，日记是生活记录，也是生活本身。记录带来反思。反思与不反思的日子，怎么可能一样？

二

从教37年，服务7届孩子。

1984年8月入职，我接手的是三年级。2020年10月退休，我告别的是五年级。中间五轮大循环，“心平气和”的这一届是第四轮。其时正值“新课标”勃兴，其时恰逢“信息时代”到来。那些年头的老师，真是既淳朴又浪漫，既飞扬又踏实——

读帖、跟帖、争论、交流……“论坛时代”少有图片，更鲜见视频，大家展示或比拼的就是文字，是文字叙述的实践与思想。诚实的书写总能获得热忱鼓励，让发帖人欲罢不能。

就这样一路行一路写，从“兴致勃勃”到“栀子花开”，实实在在！始于2004年8月30日、结在2010年6月13日的六部“流水账”，是孩子的成长记录、教师的心路历程，也是一个时代的产物和证明。

此情可待成追忆，只是当时已惘然。

倏忽10多年过去，学校及整个教育环境发生了巨大变化。然而同行以及家长，依然记得这套班级日志。大家的记得，也许是对一个时代、一种情怀、一种教育生态的想念吧。

三

再版之际，需要强调的是三点反省。

反省之一：关于写话和日记。

一个突出的过失，就是鼓励进而要求一年级孩子写话。名为“自愿”，然而一年级的家长和孩子哪里禁得起老师，尤其是看云老师的鼓励和刺激！后来我才知道，为了写出得到表扬的那几句，孩子一家往往需要忙到很晚。原本这些时间应该是孩子用来运动、玩耍、阅读和睡觉的。如果老师真的“心平气和”，就该懂得等待，等“时候到了”再让孩子写。那么孩子会少累很多，而且事半功倍。

之后的两届，看云给学生和自己减负，二年级开始写日记，一周一篇，及时点评。事实证明效果更好。《写作课》就是这种反思与实践的记录。

反省之二：关于阅读。

一年级每天背诵两首儿歌，二年级鼓励孩子读整本字书——这就让阅读罩上了求多、求快、求深、求早的“火烧云”。无视“此一阶段”孩子的感觉和需要，减损了儿童阅读应有的从容与舒适。

具体到“儿童经典诵读”，当年的我还是过于强调背诵了。这是对“显性成果”的偏执，应当检讨。当我批评“诗词大会”沦落为“背诵大会”“记忆大赛”的时候，我常常想起自己班上的“赛诗会”。一位女生曾因此紧张到肚子痛。

反省之三：关于考试。

连续贴出的“单元测验情况”说明什么？说明我还是把分数看得太重。这不是基础教育工作者应有的心态。之后两届，看云不再为了分数跟自己及孩子过不去，也不再盯住弱孩子帮扶到底。

终于明白：不管你教得如何努力，也有孩子就是考不及格，且这些孩子有权过“不及格的幸福生活”。也就是说，看云无权要求孩子、家长和自己一起“为了及格而奋斗”。奋斗的结果是：那个家庭终于不能承受“师恩的压力”，让孩子转学走了。

几年之后，当孩子母亲告知原委时，我才明白：教师要自觉限制自己的行为，包括以爱为名的过度期待、过度帮助、过度打扰。否则，教师就是在制造教学污染，令人避之不及。

四

连续性是第一重要的教育原则，也是看云著述的特点。日记嘛！

同是教育叙事，对比《给我一个班，我就心满意足了》和《心平气和的一年级》，同是毕业致辞，对比《投我的影子在你们的卷上》和《世界上最重要的事情》，从浪漫到质朴的一路，流转的是岁月，也是心境。

经典诵读是一种生活方式，也是一种教育理念。在我这里，作为班级实践的儿童经典诵读开始于“心满意足”那一届，具体地说，是开始于1998年9月。

那一届的一年级，我们人手一本《365夜儿歌》；那一届的二年级，我们人手一本注音版《365夜日记》。到了六年级，我们诵《爱莲说》《新月集》，读《铁道游击队》《红日》《我们仨》《汤姆叔叔的小屋》《苏菲的世界》《小王子》……。将班会和家长会开成读书会；就阅读给家长写信，也是从那一届开始的。

“心满意足”的那一届，我还在“成绩报告册”里私自添加了

"阅读"一科。一至六年级，每个孩子的"阅读课"成绩都是具体而实在的，打分依据是各人的诵读状态及读书分享表现。目的就是用分数促使孩子及家长重视阅读，爱上阅读。

"无限信仰书籍的力量！"

苏霍姆林斯基的信念也是我的信念。

五

"班级阅读课程化"是书香班级的硬核所在，课程化的内容和节奏，只能在连续真实的摸索与实践中得以产生和确定。

当《教六年级的日子》在栀子花香中结束，"我们班的阅读课程"也如一条道路在眼前延展。那就是：

1.向家长募集资金，建立班级书库，保证孩子每天能够借阅一本图书。

2.一周一个故事，固定时间讲述，讲述内容主要来自班级图书。

3.以《日有所诵》为材料，日有所诵。

4.以吟诵的方式学习古诗，一周一首，形成韵律。

"除了吟诵，前三项我几乎都在做。薛老师，原来我也在做阅读！

"刚上课的时候，教室不是有点乱吗？我就让学生读书给我听。低年级读儿歌，中高年级读诗。就一两分钟，很提神，很聚气。

我喜欢用小故事创设情境，然后他们自由作画。我还鼓励学生从图画书里找灵感。他们画的时候，我就看书。每个班都有书柜，都有看不完的好书！”8月21日上午，隔壁值班的美术老师说。

是啊，是啊。如呼吸，如饮食；如水渗地，如风入林。我的同事们，不分学科、自然而然——都在做阅读。

六

说说占用思品课的事。

16年前，2004年9月，校长巡课时就注意到看云课堂的不一样。她既好奇应该紧张的语文课何以可以听音乐，也诧异于思品课何以能够听歌、读书、写作业。前者太过奢侈，后者明显违规。

说服校长的，不是“课改”“整合”以及“完整的教育”“完整的人”这类说辞，而是日子一天天过去，一（2）班呈现的秩序井然的状态。

文明沉静，知书达理。

书香班级是非少，书香家庭幸福多。

这是我的信念，也是我对孩子及其父母的期待。

37年，我和搭档没有碰到特别难沟通的家长；37年，校长们——算起来共有7任，没有遭遇过来自我班家长的困扰。这是我的福气，也是历任校长对我特别包容的原因。

占用思品课不是一件理直气壮的事情，需要先完成思品课教学任务，需要有“做完整教育”的事实，更需要相对宽松的环境、相对包容的领导。年轻的同行啊，不要被我误导了。

语文课时向来紧张。不要贪多，不要急躁。首先要踏踏实实完成教学任务，其余能做多少做多少。

阅读固然重要，更重要的是我们师生的健康和舒心。

七

关于诵读、吟诵、讲述，都有完整连续的课堂记录出版。这里特别想说的是“班级图书”，这一块儿太重要了！

班级图书对于班上的孩子而言，是草原之于羊儿，河流之于鱼儿。我确信：优质且适宜的班级图书，是集体生活清洁而丰沛的水源。我欣见：课堂不爱发言的孩子们，课间围绕一本好书，说得热火朝天！

而我自己，归根到底，就是在自由阅读、自主探索中走过来的呀。

“心平气和”之后的两届，家长中颇有热爱儿童阅读、熟悉儿童文学的。于是图书选购日益成为“家委会阿姨”的事情，于是承载了爸爸妈妈童年回忆的《大闹天宫》《黑猫警长》《雪孩子》得以进入班级，成为亲子共读的温馨材料；于是老师把《鸡毛信》《雁翎队》《三国演义》带进教室，使得连环画成为孩子们私下交流的

“硬通货”。

于是呢，在临近退休的日子里，在2020年这个特殊的夏天，承蒙合肥市62中年轻同行的信任——修订版的班级日志就有了分年级、分学期的班级书单。

要计成本，要兼顾中外，我们的书单一直在更新。定格在这里的，是一个参考与回顾。非常局限，非常个人。然而对于一个孩子来说，数量与深度持续累进的这么多书，就相当于一道瀑流、一条路，可以取一瓢饮，也可以凭借阅读所得线索，走向书店、书城、公共阅览室——走向自我教育的彼岸。

不少中国原创的“老书”已经绝版，这是一件非常令人痛惜的事情！特意录在这里，是纪念，也是期待。

有些书广为人知或一搜便知，有些书年轻人鲜少听闻或几乎淡忘。这是书单信息详略不同的原因。特意标明出版和制作单位的只有经典动画和连环画，是为了表达一份个人的感情。

致敬《连环画报》、上海人民美术出版社、上海美术电影制片厂。它们以良心创作滋养了包括看云在内的几代人，我们不应该忘记。

八

关于世界儿童文学，请尽量购买保留原著插图的版本，这才是严格意义上的正版。

比如《小王子》《西顿野生动物故事集》《杜立德医生的故事》《天使雕像》，作者本人亲笔描绘的插图，是作者在文字之外，为读者开启的一扇心门！

比如《时代广场的蟋蟀》《塔克的郊外》《夏洛的网》《精灵鼠小弟》，盖斯·威廉姆斯和E.B.怀特的插图，是故事不可分割的部分。仿佛骨中之骨，肉中之肉。

还有英格丽·凡·奈曼所作《长袜子皮皮》的插图，笔触之温软与纯净，背景之明澈与空灵，几乎可以在阅读之前，先触动我们的心！还有灰谷健次郎的《兔之眼》，最令本班孩子难忘的，是那些充满力量的插图。至于E.L.柯尼斯伯格的《小巫婆求仙记》——“不看图，你绝对想不到，她是一个黑人小女孩！”

如何习得鉴别插图真伪的眼力呢？彭懿老师的《世界儿童文学：阅读与经典》是可靠的教材。我以为，《世界儿童文学：阅读与经典》《世界图画书：阅读与经典》兼具学术性、思想性、艺术性，是小学语文教师之必读书。

九

“干净”是我对写作的追求，然而“干净”似乎是没有止境的。所以要修订，要删冗。编辑用心做出索引的这一版，定能为你节省时间，带来方便。

至于说到这一套日志的意义，那就是——

陪伴。只是陪伴。

父母也好，教师也好，比起2004年，挑战更多，压力更大。

挑战更多、压力更大的何止教师和父母呢？对于中国来说，“三千年未有之巨变”一直就没有停歇过，所以我们一直在探索和适应中。然而总有一些东西是必须坚守的，那就是——

对儿童的忠诚，对真教育的追求。

忠诚服务儿童，努力实践真教育的同道啊，愿你足下的道路，长远而坚实。

感恩你的开卷！

祝福你和你的孩子！

薛瑞萍

2020年8月23日

平和对待世界的前提，是平和地对待自己

6岁离开海安县曲塘镇，19岁回去过一次——几乎没有任何激动和感触。读过的儿童心理学理论说：人从3岁开始对于经历有所记忆。可是在我这里，记忆至早也是从6岁开始的。对于故乡，看云真的是深怀愧疚。

第二次回海安，是在2005年夏天。应柳夕浪局长的邀请，和家乡同行做短暂交流。

这次登录海安教师专业成长论坛，是真正的回家。

论坛发生的事情，身边没有人知道。几日以来，不止一次暗自感叹："家乡就是家乡啊。这样的事情，如果不发生在自己身上，别人说给我听，也许我都不信呢。"

这是根对叶的呼唤。所激发的，是加倍的感激和惶恐。惶恐在于大家把我想得太高太好，而这种误解全是由我——由我的几本书造成的。

即便是独处一室，人大约也更愿意在把自己收拾得比较整齐的时候照镜子；待要出门，则更要多多少少整顿衣裳起敛容。在文字里，无论怎样诚实，作者也会有意无意地较多展示自己光明漂亮的一面。你不能说这人不诚实，你只能说她很爱自己、很爱这个世界，愿意修饰、隐藏自身及周遭阴暗丑陋的一面，为世界也为自己添一

点光明漂亮。

日记开始于初中，基本没有中断过。20岁之前，读到一句受用很大的忠告："日记里绝对不要记录黑暗的事件和情绪。"我记下了，做到了，并且成为习惯。我本愤激，这于我大有好处——是否对自己有好处，是决定我是否做、怎样做的第一原则。

在这教育的艰难时世，我们为什么会聚集到一起？为什么会为一本书的流行、一个同行的"蹿红"而欣喜？因为在现实中，我们都是挣扎奋争于黑暗寒冷中的孤独者，对于光明、温暖、友爱和支持的需要，会让我们自觉不自觉地把对自己、对世界的期待投射到别人的身上。论坛上的交流，阅读中的共鸣，其实都是同道之间的彼此取暖。

如果说我是一棵树，那么我出版的这几本书便是树上开出的花朵。其实树身上还有难看的伤疤，还有隆起的病瘤，还有悲怆的空洞，还有狰狞的残枝。树的枝叶丛中自然有鸟的巢穴，可是也不免会有蛇鼠来这里做窝——所有这些，和花朵果实一样，是树的一部分，是树的本身。

不只是在这里，在其他论坛我也一样：阅读着朋友的发言，感动于朋友的友爱，却极少回应。主要是惭愧于朋友过多的称誉。

看破很多事情的我，自然不会因为大家的赞誉背负压力，只是希望朋友不要因为我给自己加上了压力、竖立起标杆。

"我爱我的事业啊，可是谁爱我？"曾经的忧伤，如今不再成为我的困扰。因为我终于明白：最可靠的爱，最可靠的依赖，在自己，然后是亲人，然后是来自学生及家长的理解，然后是来自同行的认同。

我们的童年是错过了的。我们从小没有被告知：人首先要爱自己。爱别人——正确地爱别人，就是富于智慧地爱自己。过分的奉献观，使我们成为待榨的水果，留给自己的结局，只有枯竭。这样既辜负了世界，也辜负了自己。

看着朋友们发帖的时间往往在深夜，不安尤甚！这种废寝忘食的阶段也许是必经的，然而，当春天来到，当花红草绿，当晚风熏香地呼唤着每一个有血气的生命，多么希望大家丢下思考和阅读，和我一样，到户外去走走。

散步的时候我从不结伴，也几乎不和人说话。那时候的我，只与自己、与天地在一起。天地在哪里？当心还至本处的时候，脚下熟悉的小路，就是连接你和天地的脐带。那时你或许可以回到最初的母体，重新成为婴儿，成为胎儿，汲取天地的真气。

狐狸对小王子说：是你为你的玫瑰浪费的时间，让她在你的生命里变得珍贵。

我们需要常常对自己说：善待自己吧，多给自己留一些闲暇。

我的性格是狂躁型的。在我，阅读和写作是静心的唯一方式。读书和写作坏透了我的眼睛。曾经伤心于此，如今终于能够坦然面对：世上就没有不付出代价而能获得成果的便宜事儿，对比所得，我以为很值。

并非所有人都需要沉迷于阅读，更不要说写作了。慧能成为六祖的时候，还是文盲呢。但我不是上根大智的人，读书、写作是我能有的修行之道，不知是否也适合别人，真的不敢推广。

无论是正面的还是反面的，都不要过高估计自己对学生的影响，这样，我们会轻松很多；相信儿童的自我教育能力，相信生命是主动的，这样，我们会轻松很多。

进步是艰难的，然而进步还是在发生着、继续着。

我所经历的和我所得到的，我不以为是我一个人的幸运。

世界让我伤心的地方很多。可我不能不爱她，不能不为她做一些事情。因为我是母亲，因为这个世界是我的儿子唯一可以居住的地方。而他是否幸福，又与整个世界是否美好密切相关。

还有，空虚其实比忙碌更能折磨人、掏空人、戕害人。所作所为，有出于爱世界的原因，更有出于本能的需要。

我有一个好朋友，胸怀天下，满满的都是为世界奉献一切的冲动。这样就连带着同道们也为理想奔波得辛苦。我常常这样劝解："想想人都有死的一天，想想从来就没有脱离具体肉身和具体灵魂的抽象的生命——那么，对于每一个具体的生命，也即对于所有的生命而言，连续的、曲折前进着的人类历史其实是不存在的。如此想透了，你的奋斗欲是否会消歇一些？适可而止吧，人生在世，问心无愧足矣！"

爱世界和爱自己应当是"一"。健康自己，就健康了我们的事业，从而也就间接地健康了我们所在的世界。

不能想象一个人——哪怕他是总统呢，在家也成天到晚说国家大事。最好的朋友，最亲的亲人，当他们聚在一起，一定是没正经的时候更多，说废话闲话的时候更多。人是需要放松乃至于世无害地坏一坏的。那时候，他便回到了儿童状态——在最为松弛的时刻和最为温暖的怀抱，于无意识的深海丰壤，汲取积蓄了奋进的力量，如同安泰地贴近大地。

今天是在自己的家里，所以我几乎不假思索地敲打出上面这些混乱的文字。草草之间，不知所云。唯其草草，更见诚恳。

祝福家乡的孩子，祝福家乡的同行。首先祝福大家睡眠充足，每夜都有深度睡眠。

筌，所以得鱼，得鱼忘筌；言，所以得意，得意忘言。

看云的意义，也许在于大家由讨论得到的力量和启发——力量和启发的真正来处，哪里是看云啊！看云不过是一方幕布，一段序曲而已。

至于看云的局限，看云最知道。能改的，尽力去改；改不动的，就与“局限”和谐相处。就像我和我的颈椎炎、近视眼、失眠症和平共处一样。

平和对待世界的前提，是平和地对待自己。

薛瑞萍

2007 年 4 月 3 日

说明：

为庆祝海安县教师专业成长论坛开通两周年，海安县教师专业成长论坛围绕“看云的意义与局限”展开讨论，并邀我参与发言，于是有了上述文字。

目录 Contents

3月 我在春天的阳台上

4月 将绘本进行到底

5月 这就是原始森林

6月 做能做的，其余交给信仰和祈祷

附　录

3月 March 我在春天的阳台上

2007年3月1日 / 星期四 阴

秋千

俨然是春天了。

空气潮湿而温暖，大雨之后的水漉漉的操场上，草色隐约，惹起莫名的激动、期冀，还有说不出的惆怅与焦灼。

然而我没有时间激动、期冀、惆怅、焦灼。上班的路上行色匆匆，来到学校依然是行色匆匆。仅在上午，两节课之外，就抱着书本，上楼下楼不知跑了多少个来回。真正的气喘吁吁，热汗淋漓——班主任都这样。

转来的新生叫谢旭东。小小的个头，亮亮的眼睛，说话声音挺响，看起来挺精神。他告诉我：从湖南到南京再到合肥，“这是我念的第三所学校了！”。

相比之下，小学、初中乃至工作至今的23年，都在同一所学校度过——教师的阅历真是单纯得紧啊。

秋　千

［英国］斯蒂文森

荡呀荡着秋千上蓝天，
上蓝天，你呀喜欢不喜欢？
我想小孩最爱荡秋千，
荡着秋千真好玩，真好玩！

荡过围墙去呀荡上天，
我看到天地这么宽，这么宽，
我看到河流、树木和牛羊，
我看到田野没有边，没有边……

我再往下看，绿色大花园，
棕色的屋顶在眼前，在眼前——
我重又荡着秋千上蓝天，
我在空中上下翻，上下翻！

这是开学的第二天，这是正式上课的第一天。恰逢星期四——新学期，就在这诵诗的声音中开始了。

一切的劳作和收获，一切的快乐和痛苦，一切必须写出的文字，一切必须深藏的体验……其来处，不过是一颗不能承受虚无庸常的心。当季候来临，当草树青青，当风飘雨洒，当电闪雷鸣——“老师好！”“老师好！”——当热切的呼唤重新激起付出的冲动，一切的一切，就凭空而生了。

我就是那个有福的孩子。因为秋千，看见了河流、树木和牛羊。开学了——

我重又荡着秋千上蓝天，
我在空中上下翻，上下翻！

3月2日 / 星期五 阴雨

只管读，只管读，只管读

长城和运河

我驾驶着飞机航行在祖国的蓝天，
一个奇异的景象出现在我的眼前：
像巨龙穿行在大地，
连绵起伏，曲折蜿蜒。
东起山海关，西到嘉峪关，
万里长城谱写了不朽的诗篇。
是谁创造了这人间奇迹？
是我们中华民族的祖先。

我驾驶着飞机航行在祖国的蓝天，
一个奇异的景象出现在我的眼前：
像绸带飘落在大地，
银光闪闪，伸向天边。

北起首都北京，南到天堂杭州，
京杭大运河谱写了动人的诗篇。
是谁创造了这人间奇迹？
是我们中华民族的祖先。

相比于上册的《让我们荡起双桨》，教师发自内心地喜欢这样的“第一课”。读之，有应声而出的韵律美；看之，有错落有致的形象美。文章也是有相貌的，读起来难听的东西，看上去也必是一团刺眼的垃圾，让人掩目不及；听起来养耳的，看上去也必是一片怡情的景致。不信你念，不信你瞧：

船下广陵去，月明征虏亭。
山花如绣颊，江火似流萤。

是不是听起来悦耳，看起来悦目？船下广陵啊，舟行其悠，月流其皎，山花灼灼，江火闪烁……更不要说文字藏不住的人物情怀、容貌的美好了。

当然，并非所有的人，并非所有的语文教师都有这种审美的听力、审美的视力。呵呵，像《长城和运河》这样的课文，就不适合质疑讨论，因为那就破坏了文本露珠般圆融又露珠般娇脆的美感特质。

孩子们，我们且读起来吧。只管读，只管读。

初读，发现两段首尾四行的完全相同，奠定下自豪的情感基调；再读，发现两段中间四行很像，有一股纵横浩荡之气注入胸襟；三读，发现两段中间四行是一一对应的，这正是需要带领孩子好好揣摩的地方。

像巨龙穿行在大地，
连绵起伏，曲折蜿蜒。
东起山海关，西到嘉峪关，
万里长城谱写了不朽的诗篇。

念着。同时，用一整支黄色粉笔的笔杆，将整块黑板从右到左，蜿蜒贯穿。

“哇！”孩子们惊呼起来。

“像”，教师轻轻说出一个字，孩子们气壮山河，大声跟上：

像巨龙穿行在大地，
连绵起伏，曲折蜿蜒。
东起山海关，西到嘉峪关，
万里长城谱写了不朽的诗篇。

像绸带飘落在大地，
银光闪闪，伸向天边。

北起首都北京，南到天堂杭州，

京杭大运河谱写了动人的诗篇。

尽量用声音表现出运河的开阔动人。同时，用一整支蓝色粉笔的笔杆，将整块黑板从上到下，逶迤贯穿。轻轻说道："这，就是运河。"孩子们脱口而出：

像绸带飘落在大地，

银光闪闪，伸向天边。

北起首都北京，南到天堂杭州，

京杭大运河谱写了动人的诗篇。

然后，围绕"巨龙"与"绸带"的不同，"连绵起伏，曲折蜿蜒"与"银光闪闪，伸向天边"的不同，并且联系秦、隋两朝距今远近的不同，长城与运河的功用的不同——体会长城何以"不朽"，运河何以"动人"。

分组分角色轮流朗读，逐行逐句玩味朗读，一一对应对比朗读——朗读讲解，水乳交融。当孩子们对于两段中间的四句有了较深体会时，教师指着黄横蓝纵、恢宏粗犷的板书问："两幅奇异的景象，作者为什么要驾驶着飞机看？"

"万里长城啊，千里运河啊，不在飞机上，哪能看见全部？""坐飞机，也只能看见一段。"

“所以，必须驾驶飞机！”

七嘴八舌中，“呜——呜——！”一个男生站起来，离开座位，双手转动“飞机方向盘”，闭着眼睛，一副翱翔沉醉的样子。

“闭着眼睛，你还看什么呢？”教师问。

“呵呵。”

笑过之后，朗读在已有的雄伟开阔中，又加入了俯瞰神州的轻逸和陶醉——其实，那孩子闭着眼睛，是有道理的。

体会一层层加深，语感一层层提升，这时的朗读已无法用语言明晰指导了。因为到了这个时候，学生的体会有轻也有重，有高也有远，有刚也有柔，有清也有浊——各人爱怎么读，就怎么读吧。

只管读，只管读，只管读。

“你知道我们的祖先还创造了哪些人间奇迹？”

课后这个问题，学生没有能说出什么。

于是教师饱含深情地讲解了乐山大佛和都江堰。

3月5日 / 星期一 晴

“因为橡子是有生命的！”

一

上学期，因为网友“秋天的鱼”的推荐——深深喜欢上了《美妙的大自然》。给学生念了《蒲公英种子的旅行》，班级共用图书也特地购置了一套四本的《美妙的大自然》。

今天，给孩子们念、带着孩子们一起看《一粒橡子的奇遇》。

其实，一开学我就在不停地思量“第一篇”该读什么。经过反复斟酌、比较，终于在昨晚——在送儿子去火车站的路上，敲定了《一粒橡子的奇遇》。

惯性使然，汽车上我又想：明天的朗读效果会是怎样？孩子们会不会有所触动呢？生命轮回啊、意志本能啊、大圆觉海啊、不屈不挠啊……教师的感想自然不宜直接告诉孩子。听完、看完之后，哪怕他们能有一点点感动，教师也算没有白费力气啊。

担心了那么多，顾虑了那么多，唯独没有想到的是，偏偏我又忘记了的是：孩子会注意到教师注意不到的细节，孩子会有属于孩子自己的感动。这样的事情，已经发生过多次。是这种多次发生的意外之喜，诱惑、激励着教师不断地用心朗读——为学生，也为教师自己。

“读过的请举手。”

举手的有五个人。

“有什么印象和感想要跟大家分享吗？”

没有。

于是朗读，于是讨论。

下面是文字和讨论。不能看见图画的朋友啊，真真是错过了。因为图画、文字、教师的朗读、学生的感动、教师因为学生而起的新鲜的感动——这些如同橡子所在的那片树林，是阳光与泥土中共生出来的繁茂圆融的“一”。

二

一粒橡子的奇遇

［美］约瑟夫·安东尼／著　姬英／译

献给我在世界上的兄弟姐妹们，

我们都是大自然森林中，

生长在同一枝条上的橡子。

——约瑟夫·安东尼

破晓的阳光照耀着大森林。

在高高的树顶上，成熟的橡子离开阳光照耀的家园，坠向黑暗的大地。

一粒小橡树子想永远留在阳光下，但是不久它就失去了荚壳，也掉了下去。

不一会儿，伴随着“砰”的一声，它掉到了地面上，并一直躺在那里。森林里的地面非常非常的黑暗。

在内心深处，橡子知道它必须回到阳光下，必须破壳而出，变得比以前更强大。

当季节适宜时，橡子会爆裂开来，伸出根和茎，长成一棵小树苗。

小树苗从潮湿的泥土中吸取养分。它的小树叶尽情伸展，吸收着每一缕光线，每天一点点地长大。

日复一日，年复一年，小树苗变成了一棵大橡树，这可真是件不容易的事。许多饥饿的嘴在一点点地蚕食着它。

藤蔓缠绕着它。

有的时候是冰天雪地。

还有的时候是火烧火燎。

艰难的时光使小树苗在长成大树时变得粗壮。然而即使是最粗壮的树也不能保证事事安全。

它仍然在成长，并沐浴着阳光。

许多年过去了，原来的小橡树长成了森林中最高的一棵树，并且根深叶茂。

阳光照耀着不计其数的树叶，阳光在生命中流动。

从树上掉下来的橡树子，给小树以生命，给森林中的生物以食物。

对许多动物来说，树意味着家园。

但当它衰老和疲倦时，它的枝干和树根就会腐烂，作为一棵橡树，它的生命几乎枯萎了。

使它变得比现在更大的唯一方式就是死亡。

当大树倒下时，它的轰然落地会震动整个森林。

蚯蚓和虫子吸食了树的生命，并将它返还给土地。

这棵树最后变成了丰富而黑暗的泥土。

没有人会记得它曾经是一棵橡树子长成的充满活力的树。

当另一棵树苗被种下的时候，那棵橡树似乎永远地消失了。

那棵橡树的生命从泥土中传递给这棵新树——樱桃树。

当樱桃树长大时，鸟吃它的果实，并在森林中传播樱桃种子和新的生命。

直到小橡树子的生命融入世间万物。

三

韩玉琤：“从前我以为，只要没人砍伐伤害，树木是可以永远活着的，一千年、一万年不倒。今天我才知道，大树也会死。”

教师：“活得再长，长得再壮，也躲不了一死。凡是有生命的，都有死的那一天。”

施淑静：“樱桃树要感谢蚯蚓和虫子，是它们吸食了橡树的生命，把橡树变成了泥土。”

教师：“是啊，樱桃的甜蜜离不开蚯蚓和虫子的辛勤劳动。那么橡树呢，橡树是否也要感谢蚯蚓和虫子？”

“也要感谢。蚯蚓和虫子把橡树变成了泥土，蚯蚓和虫子让橡树死得有意义。”

李旭冉：“很多人喜欢钓鱼，他们钓鱼的时候就挖蚯蚓。可是蚯蚓是要把枯树变成泥土的。蚯蚓真不容易。”

教师：“刚才我们都看到——橡子成熟了，一定要落到黑暗隐秘的泥土里，才能在春天安全地发芽生长；橡子发芽了，小树经历了虫咬、藤缠、冰冻、火烧、刀砍、斧劈等伤害和打击，最后才长成一棵粗壮的大树。橡树真不容易啊。现在，你又提醒大家：蚯蚓和虫子也不容易。是的，自然界的每一个生命，要想长大成熟，要想完成自己在大自然的任务，都不容易。但是所有的危险和困难，吓倒它们了吗？”

“没有。”

“面对那么多的危险和困难，它们停止生长，停止工作了吗？”

“没有！”

李宋杰：“我喜欢樱桃结果的情景。因为我觉得，樱桃鲜红的果实里，也有橡树的生命。”

教师：“是啊，橡树死了，腐烂了，可是它的生命没有停止。最初，橡子落到了哪里？”

“黑暗的泥土里。”

“滋养了橡子，让橡子终于长成大树的泥土，又是怎样形成的？或者说，营养了橡树的泥土里一定有什么？”

“让橡子终于长成大树的泥土，也是别的树木（‘还有动物尸体’，教师补充道）腐烂形成的；营养了橡树的泥土里，一定也有别的生命。”

马静婷：“毛虫吃小树的叶子，黄藤缠绕着小树的情景让我难以忘怀。那时候，小橡树那么弱小；那时候，我真替小橡树担心。”

邢虎威：“烈火燃烧的那一页震动了我，一棵树要长大，真是不容易啊。还有大树被雷电劈倒的那一页，倒下的大树也许会砸死其他小树的。”

铃声响起。

铃声中，坐在后排的韩玉琤大声说：“最让我感动的，是橡子从高高的枝头落到泥土中的那一页。因为那是一粒橡子奇遇的开始——因为橡子是有生命的！”

四

是啊。

因为橡子是有生命的，而生命的路是不能阻挡的；因为生命的根拥抱着黑暗的泥土，而生命的花追逐着灿烂阳光。

生命轮回不息，生命融合为一。

即便橡子被鸟虫吃了，不能生根发芽；即便橡树死于虫害、藤缠、冰冻、火烧、刀砍、斧劈……生命的道路依然在延伸，生命的轮回与融合依然在继续。

3月6日 / 星期二 晴

流连忘返

庐山的云雾

景色秀丽的庐山，有高峰，有幽谷，有瀑布，有溪流，那变幻无常的云雾，更给它增添了几分神秘的色彩。在山上游览，似乎随手就能摸到飘来的云雾。漫步山道，常常会有一种腾云驾雾、飘飘欲仙的感觉。

庐山的云雾千姿百态。那些笼罩在山头的云雾，就像是戴在山顶上的白色绒帽；那些缠绕在半山的云雾，又像是系在山腰间的一条条玉带。云雾弥漫山谷，它是茫茫的大海；云雾遮挡山峰，它又是巨大的天幕。

庐山的云雾瞬息万变。眼前的云雾，刚刚还是随风飘荡的一缕轻烟，转眼间就变成了一泻千里的九天银河；明明是一匹四蹄生风的白马，还没等你完全看清楚，它又变成了漂浮在北冰洋上的一座冰山……

云遮雾罩的庐山，真令人流连忘返。

到今天为止，用惯了的朗读磁带还没到，教师不能再偷懒、养嗓子了。于是，朗读指导回到了最本真的方式。

意象、语言都很美，是所谓的无韵之诗。教学《庐山的云雾》，方针只有一个：只管读，只管读，只管读。

九年前，参加市语文教研会，我的书面发言赢得了满堂彩。因为那是本人的早期辉煌，所以直到今天，我还记得那次发言的标题是《首先要的是动情》。

从台上下来，原本认识的更加认识，原本不认识的悄悄拢来搭话。都说我的水平高，都要细看发言稿。不答应，因为我自己知道，那种成功是真正的"三分写七分读"。就在前一天晚上，我端坐桌前，反复练习，每一个句子都标明了停顿符号和重音符号——可不敢、可不好意思让人知道这些底细。

然而，在今天看来，这种对于发言——对于说话声音所给予的等同写作的虔诚与重视，又何尝不是一种弥足珍贵的语文素养呢？

听读，画停顿符号。由于教师的有意强化，全班人画得一模一样。只听一遍，齐读就相当整齐了。

也许你会说：这样的整齐划一，剥夺了孩子自我感悟、自主学习的权利。不错不错，可是现在的实际情况是时间紧、任务重、人数多，面向全班的朗读教学，哪里容得你一一自主？

再说了，抑扬一致、顿挫同步的齐读，就像大合唱。一间相对封闭的教室，一班朝夕相处的人，波一样同起同伏、偕顿偕挫的诵声，能够形成一种由心及声、富于浸润和感染作用的场力——人我合一、文我合一的场力。营造、合成，从而让置身场力之中的孩子，必因之获得自豪、震荡、融合的体验，必因之喜爱或更加喜爱朗读。这种自豪、震荡、融合的感觉，才是培植朗读兴趣和朗读能力的沃土。

一段一段来，只管读。

齐读正确流利了，就分角色朗读。AB 角色的分配可以是一二、三四小组，也可以是男生、女生。

“哦，你们真的摸到云啦！来，让我们看看他们能不能腾云驾雾——飘将起来！”

“这顶绒帽子还不够靓嘛，相信下次会美丽很多。现在，让我们见识见识玉带吧！”

“一缕轻烟，转眼变成了九天银河！真够神速的。一匹四蹄生风的白马，怎么跑着跑着就变成巍峨的冰山啦？你们读！”

孩子都是喜欢竞争的，这种没有压力的游戏性质的竞争，让朗读变得更活泼、更投入、更有情趣。当然，可以这样做的前提是文本的句式整齐优美。

下面是角色分配情况：

齐：景色秀丽的庐山，有高峰，有幽谷，有瀑布，有溪流，那变幻无常的云雾，更给它增添了几分神秘的色彩。

A：在山上游览，似乎随手就能摸到飘来的云雾。

B：漫步山道，常常会有一种腾云驾雾、飘飘欲仙的感觉。

齐：庐山的云雾千姿百态。

A：那些笼罩在山头的云雾，就像是戴在山顶上的白色绒帽；

B：那些缠绕在半山的云雾，又像是系在山腰间的一条条玉带。

A：云雾弥漫山谷，它是茫茫的大海；

B：云雾遮挡山峰，它又是巨大的天幕。

齐：庐山的云雾瞬息万变。

A：眼前的云雾，刚刚还是随风飘荡的一缕轻烟，转眼间就变成了一泻千里的九天银河；

B：明明是一匹四蹄生风的白马，还没等你完全看清楚，它又变成了漂浮在北冰洋上的一座冰山……

齐：云遮雾罩的庐山，真令人流连忘返。

如此这般，先分段、再全文地朗读了若干个来回之后，各段段意及二、三两段的总分结构，已是不言自明、一点即破了。

第二段有四个比喻句。“把弥漫山谷的云雾比喻成茫茫的大海，用茫茫的大海来比喻弥漫山谷的云雾。”——如此这般地，逐一陈说，夹在朗读过程中进行。词语解释亦如是。

很多时候，耳朵和心灵的感觉重于知性的思辨。面对圆融紧凑的美文，教学也应当是圆融紧凑的。教师主导的当仁不让，就是为了让教学圆融紧凑、一气贯注。

在我的班上，从来只抽查“日有所诵”，课文背诵从来不查——考试也没有差到哪里。个人以为，所以能够有恃无恐的一个重要原因是：热乎乎的朗读，已让孩子对于课文厮磨出了八成熟。大部分孩子，回家只要稍微用心就能背下来。至于那不肯用心，或者干脆没心的，我相信，今夜不吃不睡压着背下去的，明早一觉醒来，多半还是完璧归赵。还不如让他们一团模糊、一团欢喜地跟着读——跟着混。

还有那么多、那么多的诗歌，我们所读的，可不只是课文。周复一周，年复一年，在充满场力的课堂上，那些弱孩子一团模糊、一团欢喜地听了这么多，读了这么多，也是不小的收获啊。在别人是浸润的听和读，在他们至少也是当流洗濯和沾衣欲湿。脆弱的“文心”，至少不会因为过分干燥而过早风化——兴趣和快乐是第一重要的。

无论你承不承认，情愿不情愿，教师的苦乐已和学生的苦乐连为一体。呵护自己的兴致，就是呵护学生的兴致；放过孩子，就是放过自己。

心境不二。人不能选择自己所处的环境，但人能决定将自己的目光和心思聚焦于哪里。

云遮雾罩的庐山，真令人流连忘返。

相比于是否会背，教师更关心课堂是否令他们流连忘返。

“既然流连忘返，为什么还有人不会背呢？”

如果你这样问，我只有语塞。

“孔子那么伟大，怎么三千弟子才出贤人七十二呢？四十分之一都不到，优秀率也太低啦。”

相信夫子是教育家的人啊，你是否语塞？

3 月 12 日 / 星期一 阴

没有什么会消失的

一

只有 15 周的上课时间，学生好累。

为此，星期一我将尽量多地带着他们读绘本。

带进课堂的图画书，必须是教师有感觉的。自己没有感觉的绘本，根本讲不动——读不动。

今天读的是《风到哪里去了》（文 / [美] 夏洛特 · 左罗托夫；图 / [意] 斯蒂芬诺 · 维塔；译 / 陈丹燕）。“橡子”之后读“风”，是程砚秋式的云横雾罩、声断气连——因为“橡子”和“风”的主题其实是同一个。当然，这些不必也不应当说给学生听。正如你不必也不应当让学生读到你的备课笔记。

二

风到哪里去了

学生齐读。

“看见封面，你能猜猜故事内容吗？”

“风有时候有，有时候没有。”

“孩子和妈妈在风中讨论，风到哪里去了。”

翻页。

“怎么回事？孩子在干吗？”

“他要睡觉了。他在想：风到哪里去了？”

“整幅图除了孩子、枕头和被子，还有什么？”

“风！”

“风刮进房间了吗？”

“没有。是他白天看见的风，是他睡觉前想起来的风。”

“注意被子，被子是什么样的？”

“大方格子，红蓝相间。”

“漂亮吗？”

“漂亮！”

不能再议了。再议下去，神散魂销啦。

讲述开始了。读一页看一幅，总共十五页文字、十五个跨页，一气读完。只在两个地方做了重复：

它只是换了个地方，或者换了个样子。

这个世界真的就是这样循环着，没有什么会不见了。

开始的时候，他们还能安静地听着书中的母子一问一答，渐渐地，就有人按捺不住地脱口抢答了。回答“正确”的自然很高兴，那没有回答的呢？只有少数人看着踊跃分子，大多数则对抢答置若罔闻。他们全神贯注，只是看图，只是听读。

三

现在，他妈妈来向他说晚安了。

“为什么白天会不见呢？”他问妈妈。

“这样，夜晚才能到这里来呀。”妈妈说，“你看。”她指着窗外，在夜空下，梨树梢后，他看到一弯银白色的月亮。

“晚上就是这样开始的，”妈妈将手放在他肩上告诉他，“有月亮、星星和夜色的晚上能让你入梦。”

“可是，白天就这样不见了，太阳到哪里去了呢？”

小男孩问。

“白天并没有不见，它只是到别的地方去了。我们这里是晚上，别的地方就是白天。太阳会到那个地方升起，没有什么东西会永远消失的。”

“都是这样吗？”小男孩问。

“是啊。”妈妈说，“它只是换了个地方，或者换了个样子。”

小男孩躺在床上，妈妈在床边坐着。

“那么，风停了以后，又到哪里去了呢？”小男孩问。

“风停下来时，它其实是吹到别的地方，让那儿的树跳舞去了。”

“那蒲公英的绒毛被风吹到哪里去了呢？”

“带着新的花籽飞到别家院子的草地上去了。”

“山到了山顶以后，又到哪里去了呢？”

“下了坡，变成山谷啊。”

…………

“可是，当叶子落下，一定有什么东西不见了。”小男孩说，“是秋天不见了。”

“是的。”妈妈回答，“秋去冬来呀。”

“那么冬天结束以后呢？”小男孩问。

“冬天结束时，冰雪融化，小鸟归来，春天就来了呀。”小男孩终于笑了。

“这个世界真的就是这样循环着，没有什么会不见了。”

他望着外面的天空，太阳已经看不见了，那些可爱的粉红色的晚霞也消失了。天色已晚，暗紫色的天空中，在梨树梢上，一弯新月正朗朗地照耀大地。

四

“看啊，小男孩在干什么呢？”教师笑着问。

“打呵欠呢，他困了。”

“他终于放心了！他终于可以安心地睡觉了！”教师追一句，“为什么？”

“他知道了，世界上没有什么会真的消失，那些看起来消失了的东西，只是到了别的地方或者换了一个样子。”

“今天结束了，”妈妈对他说，“现在该睡了。明天早上，你醒来的时候，月亮已经去很远很远的地方开始新的夜晚了，而太阳也在这里为我们开始了新的一天。”

读完最后一页，教师略停了停，然后将画面展向学生。

“嘿嘿。”

“呀！”

“为什么惊叹？为什么笑？看见什么了？明白什么了？床还是那张床啊，被子还是那床被子。可是啊，可是！”说话的同时，教师将整幅跨页从左到右抚了一道。经了这暗示性地一抚，孩子们叫得更欢了！

“大方格子、红蓝相间！”

“开始是被子，到上面就变成田野、山川、道路还有牛羊了。”

“孩子枕着的不是枕头，而是白云！”

“孩子脑袋的四周有太阳、月亮、星星、飞鸟、落叶，还有彩虹、海水和轮船！”

“老师老师，我知道！”邢虎威急不可耐了，“这幅图重现了孩子和妈妈说到的所有东西——孩子梦见它们了。”

“多么甜蜜、多么温暖的梦。画面仅仅展示了孩子的梦境吗？”

“还说明，还说明……睡着的孩子和世界合二为一了！”又是邢虎威。

“总有一天，这个孩子也会离开的。对不对？”教师问道，心怀忐忑。

“是的。人都有死的一天。”

“可怕吗？”

“不可怕。”回答依然平静。

“那时候男孩去哪里了？”

“去天堂了。”

“到九泉之下了。”

“回到天地，和天地融为一体了。”

“哈哈。”教师不置可否地笑了。

“哈哈。”孩子们也笑了。

答案可能真的是他们悟出来的，也可能是把听过的话再讲一遍——答案不重要。重要的是通过讲述，孩子们融入故事。融入故事，便是融入世界——因为讲述而美好的世界。

五

对于《风到哪里去了》，教师为什么会有特殊感觉呢？

因为故事，更因为图画——尤其是贯穿全书的像木纹又像布纹的底色。质而不糙，甜而不腻，足以让你想起柔软的被子、干净的床单、厚实的窗帘、舒适的沙发，还有散发着森林和阳光气息的新鲜的木屑……

仔细看，你会发现，每幅跨页的底纹其实是一个整体。

而所有底纹都是淡淡的土黄色——火红的太阳啦、果实累累的梨树啦、手捧图书的父亲啦、金发碧眼的妈妈啦，还有星空、大山、海浪、风暴……都是在完整的底纹上——用拙朴的色块一层层涂上去，用幼稚的简笔画一个个画出来的。“冬去春来”那一幅真可谓生机蓬勃、满眼粲然了，可是，在融雪、飞鸟、春树、春花的下面清晰可见的，是俨然出自“一”的底纹。和谐、流畅、生动、自然，那绝不是人的笔触和思力能够画出来的。

独自念过几遍之后，“备课”停在了对于底纹的探究上。所有丰富多彩的画面都在淡去、都在远离，越来越深、越来越透地渗入心灵的，竟是底纹——只有底纹。

我以为，将故事的温馨与深邃成功孕育和传达的，就是这底纹。其他种种，犹如水上波、原上花。

与美术教师讨论的结论是：那就是木纹，是立着剖开的一株大树的纹理。

“所有的底纹，让人觉得彼此相通，是一个整体；每幅图画的底纹之间，又有着微妙的变化。真有创意，真耐看！手工是绝对画不出这种效果的。”蒋莉确定地告诉我，“一截很粗的树干，立着剖成很多块长形木板，然后用土黄色把一块块的板纹拓到画纸上。都是横着拓的，除了爸爸那一幅——大概是为了突出父性的阳刚吧。”

也许我们的结论并不正确。然而，如果没有这样的结论，我的感觉就是飘忽肤浅的——就不能有今天的朗读。

我猜，底纹就来自男孩家里的那棵大梨树。

梨树到哪里去了？

今天上午，梨树在朗读的快乐中，在教师的文字里。

是的，没有什么会消失的。

3月13日 / 星期二 晴

味道·漩涡·沧浪水

一

《微笑着承受一切》。

备课时基本没感觉。对于没感觉的课文，读顺、识字、做题——“完成教学任务”，如此而已，如此足矣。

我还说过：“幸好不是所有课文都让教师有感觉，否则，教师心力会因过分、过量投入而衰竭的。恰是那些没意思、没味道的课文，给了教师喘息和调节的机会。”

“山到了山顶以后，又到哪里去了呢？”

“下了坡，变成山谷啊。”

只有高峰没有低谷，那不是山而是摩天大坝——好看吗？有趣吗？

对那有感觉、有味道的，教师又能怎样呢？

还是读。但此读和彼读是多么微妙而深刻的不一样啊。

圆月东升，海潮上涌，一颗心和许多心互相摇荡牵引的感觉，浩渺而灵动，实在非语言文字可以描摹。正因为语言文字不能清晰描摹，所以充分的回味也成为不可能。

> 十五年中，这古园的形体被不能理解它的人肆意雕琢，幸好有些东西是任谁也不能改变它的。譬如祭坛石门中的落日，寂静的光辉平铺的一刻，地上的每一个坎坷都被映照得灿烂；譬如在园中最为落寞的时间，一群雨燕便出来高歌，把天地都叫喊得苍凉；譬如冬天雪地上孩子的脚印，总让人猜想他们是谁，曾在哪儿做过些什么，然后又都到哪儿去了；譬如那些苍黑的古柏，你忧郁的时候它们镇静地站在那儿，你欣喜的时候它们依然镇静地站在那儿，它们没日没夜地站在那儿，从你没有出生一直站到这个世界上又没了你的时候；譬如暴雨骤临园中，激起一阵阵灼烈而清纯的草木和泥土的气味，让人想起无数个夏天的事件；譬如秋风忽至，再有一场早霜，落叶或飘摇歌舞或坦然安卧，满园中播散着熨帖而微苦的味道。味道是最说不清楚的。味道不能写只能闻，要你身临其境去闻才能明了。味道甚至是难于记忆的，只有你又闻到它你才能记起它的全部情感和意蕴。所以我常常要到那园子里去。（史铁生《我与地坛》）

多么好啊。发表在 1990 年的这篇散文，到今天依然能够让我沉吟良久，感慨万端。因为在这里，思与感、文与质，犹如灯之与光、水之与波，是不可分的。

> 味道是最说不清楚的。味道不能写只能闻，要你身临其境去闻才能明了。味道甚至是难于记忆的，只有你又闻到它，你才能记起它的全部情感和意蕴。所以我常常要到那园子里去。

有感有味的朗读也一样啊，所以我常常朗读。最近正诵《庄子·外篇》。即便那是一瓮琼浆古酿，也需你有相当的品味能力——我以自己的能够沉醉为自豪。

二

时间紧张，一至四课都略去了从前的自读。其实，拿到语文书，有趣的文章孩子自然会看的。

早自习带读。

范读——朗读，就这么一段一段顺流而下。从一年级开始，我就是先读顺了，然后回头教生字、念生词。为什么？出于直觉，我不认为孩子学习母语的过程是一个一个先认识了单独的字，然后把生字嵌到句中，把句子读顺。我觉得孩子学习的过程恰恰相反，是从句到词到字，即先把句子作为一个整体的意义单位弄清楚了，如同先认识了一个人的脸，然后才能进一步认清脸上的鼻子和眼睛眉毛——记得并理解句子中的词语和生字。

同理，对于学生阅读，我很少指导，也很少过问。我以为，对于孩子而言，一本书、一个故事就是一个大的意义和兴趣单位。愿意读、喜欢读，这是最重要的。如果没有这种朦胧而整体的喜欢，一切启发和指导都是外在的，无关于成长本身；如果他们爱读，继而因为阅读而提升了精神品位，丰富了生活乐趣，保持了心灵的柔软和灵敏——其他种种，该得的，只要努力就会轻易得到——即便不能有，那又怎样？

桑兰事迹——说是“遭遇”更为恰当——挺感人的一个故事，文字却如此空洞、机械和僵化，仿佛不是有血有肉有感情的人写出来的，而是输入了时间、地点、事件等关键词，由设定程序输出的宣传材料——这是我对文章的看法。

但我还是要尽量读得有感情。“尽量”的意思是用力——当内在感动不能发生时，就要动用意志的力量。所谓敬业，也许就是这个意思吧。

三

1998年/7月21日晚上，第四届/世界友好运动会/正在美国纽约进行。参加女子跳马比赛的桑兰/在试跳时/发生了意外情况：她头朝下/从马箱上/重重地摔了下来，顿时，胸部以下/完全失去知觉。经医生诊断，第六节和第七节/颈椎骨/骨折。这真是/天大的不幸！桑兰的美好人生/刚刚开始，可她的后半生/也许永远/要在轮椅上度过。

第二段，读着读着，感觉气氛渐渐凝重，一种冰凉的、疼痛的感觉，自下而上，由远及身，从孩子那里，包围并渗透了教师——而它的来处，竟是教师其实并没有感觉的朗读！

因为画好了停顿符号，更因为投入，学生读得很好。他们的好，使教师松弛并忘记了意识的努力。不知不觉，有一种感动从里面涌起——并注入朗读。

得知自己的伤势后，17岁的桑兰/表现得/非常坚强。前来探望的队友们/看到桑兰脖子上/戴着固定套，躺在床上/不能动弹，都忍不住/失声痛哭。但桑

兰 / 没有掉一滴眼泪，反而急切地询问 / 队友们的比赛情况。

到第三段，悲悯和敬爱越发深重。学生的情绪是一股巨大漩涡，教师是水面上的一片叶子，不能自持——心甘情愿地，教师随着涡流，旋入悲悯和敬爱的中心。

为什么这篇文章竟能感动学生呢？一个重要的原因是：这是关于身体伤痛的故事，孩子对于别人的身体的伤痛，有着比教师更强烈的感同身受的能力。

在《民主主义与教育》里杜威说过大意如下的话：善良是一种美德，更是一种智慧。善人之所以不能对别人的痛苦置若罔闻，就是因为他具有超乎寻常的想象力——他觉得别人的痛苦和自己紧密相连。于是别人的不幸就能轻易引发他的痛苦和不安。

佛法讲究的也是智悲双运，能智又能悲。

看着李宋杰红红的眼圈，教师既惭愧于自己的麻木不仁，也深恨课文对儿童的辜负。

日子一天一天过去了，桑兰可以自己刷牙，自己穿衣，自己吃饭了。但有谁知道，在这些简单得不能再简单的动作背后，桑兰是怎样累得气喘吁吁、大汗淋漓的！

第五段的后一句话，怎么读怎么觉得疙瘩。

1998年10月30日，桑兰出院了。面对无数关心她的人，桑兰带着动人的微笑说："我决不向伤痛屈服，我相信早晚有一天能站起来！"

"同学们，你们相信桑兰能站起来吗？"

"相信！"

我知道，充满感情的"相信"里，更包含着真诚的祝福和祈祷。

桑兰的美好人生 / 刚刚开始，可她的后半生 / 也许永远 / 要在轮椅上度过。

联系第二段的"也许永远"，深入理解第七段的"我相信"——这是教师明天要做的事。

作为小学课文，《微笑着承受一切》实在让人不敢奉承。既辜负了桑兰，也辜负了儿童。但是——

沧浪之水清兮可以濯我缨。沧浪之水浊兮可以濯我足。（《孺子歌》）

只要教师不固守着自己的愚顽和麻木，即便是这样的沧浪浊水，也可以使师生得到洗涤。

3月14日 / 星期三 雨

强 迫 症

试卷不过夜，这是我一贯的作风——朋友称之为强迫症。

强迫症就强迫症！希望学生勤奋，希望家长协助，教师自己首先就应当理解并珍惜他们对于成绩的迫切关注。对于不少孩子来说，那是一家人辛苦耕耘的收成啊，教师怎能漠然置之！对于大多数孩子来说，漠视分数，也就意味着漠视功课，衰减了学习动力。所以，无论如何也要在第一时间给出成绩。这种抓紧的态度，这种猛进的步伐，学生及父母其实是能够感觉到、能够被感染的。

下午一、二两节课测验。分秒必争地战斗了整整两个小时，终于在六点钟“抢”出卷子。成绩不错：

95—99 分，31 人；

90—94 分，17 人；

80—89 分，9 人。

75 分 1 人；

61 分 1 人。

以上是昨晚八点写好的帖子。因为家里电脑不能上网，便只好拖到今天来发。干脆，我接着罗织几句，凑成一篇日记，也算完成了本周的作业。

每周三篇日记，也是我的强迫症。

“孩子们，我们一起写日记。一周里，你们写几篇，老师也写几篇。”说出的话，无论如何我也要做到。

继流行写诗之后，新学期伊始，本班流行日记换本子。越来越大的本子意味着越来越强的写作能力和表达自信。

教师日记大多集中在前半周，星期五基本不写。星期五最轻松，只有上午一节课，如果不出去讲学，星期五我就专心读书——紧接着的，就是周末整整两天饱读。

这也是一种强迫症，确切地说，是一种相对稳定的生活节奏。一个人应当有自己的节奏，生活没有节奏的人，是紊乱、不成熟和缺乏独立自主能力的弱者。所有那些能够做到事半功倍、劳逸结合的优秀学生，必定是较早获得节奏感的孩子。

“这学期怎么没有在日记里读到小安？”每天来这里的朋友关切地问。

小安？哈哈，小安正在我的身边咬牙切齿呢！她啊，恨透我的日记强迫症了。在她看来，日记是个十恶不赦的第三者，总害得她憋着一肚子的话不能跟我透说，于是只好咬牙切齿地读书。跟着小安，我读完了《聆听孩子的心声》《孩子，把你的手给我》《蒙台梭利育儿全书》，收获颇丰。这两天，小安正沉醉于美国约翰·霍特的《孩子是如何学习的》——可怜的小安，有多少震撼和收获的狂喜，就有多少欲诉无人的痛苦！

“薛啊，亲爱的薛！求求你了，歇一歇好不好？三分钟，就三分钟！你就不怕毁了脊椎瞎了眼？来，听我读一段给你听，一段，就一段！”

忍无可忍、即将崩溃之际，她会这样央求。有时候，我会大发慈悲地听一会儿；有时候，我会拔腿就跑，因为我知道很难三分钟完事——读完之后，她必要对我大发感慨，必要和我进行一番深入探讨。

读书就读书呗，为什么一定要念给我听？

我看小安也有强迫症。

3月19日 / 星期一 阴

让你聪明让你笨

一

看见厚实的《图画书：阅读与经典》，学生个个目光闪烁。这是教师第二次给他们读“图画书”，上次是在1月底的期末考试之前，念的是《克里特》——一位孤身小学女教师和一条大蛇的故事。

故事短小而温馨。先把题目写在黑板上，然后捧着书，我一心一意地念。

“睡不着吗，小熊？”

“我害怕。”“为什么？”“我不喜欢黑。”“哪里黑？”“我们周围到处都黑。”……大熊先后又换了两盏更大的提灯，可小熊还是睡不着。大熊说：“已经点上最大的提灯了，不黑了。”“黑，”小熊指着洞外说，“外面黑！”

大熊领着小熊走出洞外。“我害怕！”小熊说。大熊把小熊紧紧地抱了起来。“看看黑暗吧，我为你拿来了月亮，”大熊说，“明亮的黄月亮，和所有闪闪发光的星星！”小熊什么都没有说，小熊已经在大熊的臂弯里睡着了。

掌声响起来。

然后看图。在教师的指点下，他们大约能够看清的是214、215两页的三大幅图——《图画书：阅读与经典》作者彭懿精心挑选、能够集中体现“熊”特色的温暖画面。

“小时候你们怕不怕黑？”

“怕！现在还怕呢。”

“哦，这就是你啊，小时候的你。小小的，绒绒的；多可爱，多顽皮！双手抠着脚指头，任爸爸妈妈怎么哄怎么劝——就是不肯睡，就是不肯睡！”

“嘿嘿！”

“看这一幅，大熊在干吗？”

“站上凳子，在洞顶上挂上最大的提灯。”

“好笨好重的大熊，好小好轻的凳子——还有好小好小的小熊！看啊，一个小心翼翼地挂提灯，一个专心致志地看挂灯。注意，注意他们的眼神。”

“小熊好可爱哦，简直就是一个活的绒毛玩具！”

“再看。寂静的森林，树木无声地站立，地上一片银白，好像还是刚刚下过大雪的冬夜。大熊抱着小熊，无比温柔地说——”

“看看黑暗吧，我为你拿来了月亮！”

掌声再次响起来。自发的、并非热烈的掌声，温暖而亲切——给大熊，给教师——也给越来越深地浸入故事的学生自己。

二

“随便说说吧。大熊，小熊，说谁都可以。”

“老师，我觉得大熊脾气很好，不厌其烦，一次又一次地给小熊换灯。”

“是啊，”教师接着说，“到最后已经没有更大的灯了，大熊就领着小熊走到洞外，外面真冷真黑啊！大熊告诉小熊：‘我为你拿来了月亮，明亮的黄月亮，和所有闪闪发光的星星！’可是小熊却——”

“睡着了！”

“小熊一闹再闹，提灯换了又换总也睡不着，其实他真正想要的是什么？”

“哦！老师，我知道了！小熊真正想的，是爸爸抱着他睡觉！”马建大声喊道。

“为什么是爸爸？”

“肯定是爸爸！又笨又聪明，而且那么强壮！”学生一起回答。

“什么叫‘又笨又聪明’？先说聪明在哪里？”

“小熊说外面黑，他就把小熊抱到外面，给小熊拿来了月亮和星星。”

“月亮和星星是大熊拿来的吗？”

“不是。”

“可是小熊相信吗？”

“相信。所以小熊不怕了，放心地睡着了。”

“大熊笨在哪里？”

“小熊怕黑睡不着，他就点上越来越大的提灯。这样一来，小熊更睡不着了！又是灯火，又是火光，还怎么睡啊！”

“如果换一个爸爸，可能会怎样？”

“再不好好睡，当心我揍你！”

“怕黑就点灯，还怕黑就点更大的灯，想都不想地跟着忙活。大熊真笨啊，大熊笨是因为什么？”

“脾气太好了，太爱孩子了。”

“是啊是啊，”教师自说自话地大发感慨，“爱让你聪明让你笨。当一个人深爱着另一个人的时候，他肯定是最聪明的，也是最笨的！而且啊，聪明是不知不觉，根本不用动脑；笨也是不知不觉，好像根本没有大脑。那时候，他只有一颗心，一颗充满爱的愚蠢和爱的智慧的心，就像这头大熊。呵呵，多有童心啊。他还爱看书呢，而且爱看——”

“图画书！”

“就像我们薛老师。”

“老师，我老爸昨天过生日，我用零花钱给他买了一个蛋糕，我老爸幸福坏了！把我夸了又夸，夸了又夸！没完没了地表扬，弄得我都不好意思了。因为我知道，自己其实没有老爸表扬得那么好……”韩玉琤说。

“掌声！”教师提议，“我们一起祝韩爸爸生日快乐！”

“我阿公也是昨天过生日。我也给他买蛋糕了。”晏楚芸说。

又一次掌声，又一次祝福。

“老师，昨天我爸爸也过生日。可是我没给他买东西，因为我的零用钱都在罐子里，取不出来。”高岩松有些惭愧。

“未必都要花钱买东西啊。你可以讲一个故事或者朗诵一首诗作为礼物的！今天这个故事就很好啊。中午回去，就讲给爸爸听——好不好？”

“好。”

“还有哪些同学愿意回家讲？”

很多人举手。

“好，我们一起温习故事。”

郑重地清了清嗓子，正色地看了看大家——教师开始了她的“白色朗读”。孩子们侧起耳朵，听得更加专注了。三个、五个、十个……越来越多的孩子在不知不觉中加入进来。三两句后，教师便摸到了学生“跟进”的节奏，便在那地方稍做停顿——等着孩子们。

好默契啊。次第响起的“齐读”，起起落落，时高时低，加上不时响起的笑声，听起来温暖而惬意——在这连阴的早春，仿佛灿烂的阳光，洒在清寒的教室。

三

上一次，乘着放假在即、春节在即的机会，我说：“快过年了，这是大人特别慷慨、特别舍得花钱的时候，如果父母准备花百元左右的钱给你买吃的、穿的、玩的，你就可以请求他们，省下那笔钱来，买这本图画书。”

到今天为止，班上已经有五位同学买了《图画书：阅读与经典》，都是定价 58 元的简装本。上篇《阅读图画书》，下篇《经典图画书》，估计学生对于下篇的兴趣更大一些。数一数，光读下篇，就能欣赏到 64 部经典作品的故事及画面——比起买整个儿的绘本——省钱多啦。

第一个买来《图画书》的是借读生朱丽丽。开学这么久了，每天每天，上午下午，小姑娘都不辞辛苦地背了来，有时候自己看，有时候给朋友看。

3 月 20 日 / 星期二 晴

我在春天的阳台上

一、关于“我”的废话

第 5 课《雪儿》，教师很喜欢。

对于自己喜欢的课文，自然就愿意用心去琢磨。而且面对这样的课文，教师往往惊讶于自己的心明眼亮和富于教学机智——师生共同浸润于文本、浮沉于文本，所感所发，往往并非出于有意识的努力。好些意义，好些情感，如同地泉在文字的深处无声地涌动着，如今因了我们的教学、我们的开掘，泉水流淌在阳光下、歌唱在阳光下——并且和地上的泉水会合，越发清澈、越发充沛、越发甘洌了。那一份清澈、充沛和甘洌，既来自文本，也来自我们——来自“我”。

是这种不期而遇的清澈、充沛和甘洌的体验，是这种既丰富提升了读者也丰富提升了文本的发现和开掘，使阅读变得灵动自主并赋予文本意义以生长的可能——作为精神产品，在精神世界存在、存活的价值和可能。

是的，我是树，所有伟大或不伟大的滋养了我的文字，都是让我能够作为树在阳光下、风雨中挺立的土壤。

话也可以反过来说——当我不仅仅是“这一个”我的时候，所有伟大或不伟大的著作，其实也都是一些或参天或矮小，或强壮或软弱的树木，之所以能够在这世代交替的世界上站立，只是因为它们的根或深或浅地植在了人心的丰壤——“我”的土壤。

《史记》写的当然是历史，但又何尝不是司马迁？

无我的写作，是反生命的。无我的阅读也一样。

享受阅读的最高境界，不是清晰，乃是混沌；是微醺状态下的高度灵醒又高度沉醉；是作者、读者与文本的“打成一片”。

即物即心，即心即物。

我是文中的每一个，文中的每一个都是我。

二、等待着“我”的课文

我的腿跌伤了。爸爸、妈妈每天要去上班，家里就只剩下我一个人。冬天过去了，我多么向往外面那明媚的春光啊！

一天，爸爸给我带回一只白鸽。这白鸽是爸爸在路上捡的，翅膀受了伤。它的身子很脏，眼睛里充满哀伤。我和爸爸给它洗了澡，敷了药，它变得雪白雪白的了，我便给它取名“雪儿”。过了几天，雪儿和我熟了。我对雪儿说：“雪儿，这儿就是你的家，你安心养伤吧！”从此，我天天和雪儿一起到阳台上去看蓝天，去看蓝天上那飘飘悠悠的白云……

爸爸说雪儿是一只信鸽。信鸽是不怕任何艰难险阻的，能够飞越千山万水，忠实地为人们传递信息，所以人们称它们是“蓝天信使”。于是，我更盼着雪儿的伤快点儿好起来。

终于有一天，雪儿展开双翅飞起来了。啊，我为雪儿欢呼！你看它那双翅膀被春风高高地托起，在蓝天中划出一道美丽的弧线。

雪儿又飞回阳台，转着圈儿咕咕直叫。我望着它那金黄的眼珠，喃喃说道：“雪儿，你去吧，蓝天才是你施展本领的地方。”我把雪儿轻轻捧起，雪儿望望我，似乎在向我祝福，然后向蓝天飞去。

三、渐读渐“我”的教学

全文共五段。如同一首钢琴曲，婉转动情又不失清新健劲。音乐的情感脉络明晰流畅：孤独、向往——同情、亲密——敬佩、祝福——惊喜、赞叹——依依不舍。

冬天过去了，我多么向往外面那明媚的春光啊！

教师：想象一下，这个时候的作者，也就是在家养伤的小姑娘，她在哪里？

学生：窗边。阳台上！

教师：她看见什么了？

学生：小草发芽、大树变绿、桃花盛开。孩子们都在草地上奔跑玩耍呢。

教师：哦，主要是地面上的景色。窗边也能看见，阳台上也能看见，如果是你，你更愿意在哪里看？

学生 1：阳台！因为阳台上看得更远，而且能晒到更多的太阳，吹到更多的风。

学生 2：有时我也在窗边。

从此，我天天和雪儿一起到阳台上去看蓝天，去看蓝天上那飘飘悠悠的白云……

教师：“从此，我天天和雪儿一起到阳台上”——注意！这里的“从此”和“天天”，你读出了什么？

学生：从前，小姑娘并不是天天去阳台；现在，她天天去阳台了。

教师：为什么？

学生：因为雪儿！雪儿最想看见的是蓝天和白云。

教师：省略号省略了什么？

学生：天上的小鸟、飞机……还有风筝。

教师：用心读这一段的最后一句话。

学生：“从此，我天天和雪儿一起到阳台上去看蓝天，去看蓝天上那飘飘悠悠的白云……”

教师：一对好朋友亲密地在一起看蓝天。这时候，她们说话还是不说话？

学生（齐）：不说话！

教师：为什么？

学生：“从此，我天天和雪儿一起到阳台上去看蓝天，去看蓝天上那飘飘悠悠的白云……”我读出来的，我感觉她们就是不说话。只是看，只是看。

教师：说得好！有感觉、能感觉，这是第一重要的事情！在第一段，我们读出的感觉是什么？

学生：孤独和向往。

教师：现在呢？

学生：向往，亲热——不再孤独了！

教师：人和鸟儿，她们各自向往着什么？

学生：小姑娘向往回到草地上奔跑，雪儿向往回到蓝天飞翔。

教师：现在，充满“我”的内心的，是否只有对于草地的向往？

学生：还有对于雪儿的祝福，希望雪儿早日回到蓝天。

教师：证明在哪里？读给我听啊！

学生：“爸爸说雪儿是一只信鸽。信鸽是不怕任何艰难险阻的，能够飞越千山万水，忠实地为人们传递信息，所以人们称它们是‘蓝天信使’。于是，我更盼着雪儿的伤快点儿好起来。”

教师：“更盼着”是什么意思？

学生：从前，“我”对雪儿只是同情；现在，“我”知道了雪儿是不怕艰难险阻的信鸽，是飞越千山万水的“蓝天信使”。“我”很敬佩雪儿，所以就更盼着雪儿的伤好起来。

教师：带着敬佩，带着亲密，更带着“盼望”——读！

学生：“爸爸说雪儿是一只信鸽。信鸽是不怕任何艰难险阻的，能够飞越千山万水，忠实地为人们传递信息，所以人们称它们是‘蓝天信使’。于是，我更盼着雪儿的伤快点儿好起来。”

教师：“终于有一天，雪儿展开双翅飞起来了。啊，我为雪儿欢呼！你看它那双翅膀被春风高高地托起，在蓝天中划出一道美丽的弧线。”你，还有你——你们每一个！看见了吗？看见雪儿在春风中高高飞翔的样子了吗？

学生：看见了！看见了！

教师（稍做改动）：“终于有一天，雪儿展开双翅飞起来了。”看！快看！你快看啊——“它那双翅膀被春风高高地托起，在蓝天中划出一道美丽的弧线。”

学生（脱口而出）：雪儿你好漂亮！雪儿你太棒了！雪儿我为你骄傲！雪儿你高高地飞吧！

教师：你们这是在干什么？

学生：欢呼！

教师：来！我们欢呼，我们读！

学生：“终于有一天，雪儿展开双翅飞起来了。啊，我为雪儿欢呼！你看它那双翅膀被春风高高地托起，在蓝天中划出一道美丽的弧线。”

教师（低声）：“雪儿又飞回阳台，转着圈儿咕咕直叫。我望着它那金黄的眼珠，喃喃说道：‘雪儿，你去吧，蓝天才是你施展本领的地方。’我把雪儿轻轻捧起，雪儿望望我，似乎在向我祝福，然后向蓝天飞去。”同学们，回忆一下，这是“我”第几次和雪儿说话？

学生：第二次。

教师：第一次是在什么时候？

学生：雪儿刚刚养熟的时候，那时候雪儿的伤还没有好。

教师：“我”说了什么？

学生：“雪儿，这儿就是你的家，你安心养伤吧！”

教师：那时候雪儿刚从哀伤和恐惧中恢复过来，那时候雪儿还不能飞，那时候雪儿最需要的就是温暖与呵护，所以“我”说——

学生：“雪儿，这儿就是你的家，你安心养伤吧！”

教师：现在，雪儿终于能飞了！“我”又说——

学生：“雪儿，你去吧，蓝天才是你施展本领的地方。”

教师：“雪儿又飞回阳台，转着圈儿咕咕直叫。我望着它那金黄的眼珠，喃喃说道——”

学生：“雪儿，你去吧，蓝天才是你施展本领的地方。”

教师：“我把雪儿轻轻捧起，雪儿望望我，似乎在向我祝福，然后向蓝天飞去。”雪儿望着“我”，雪儿在说什么？

学生：善良的小姑娘啊，我舍不得离开你。但我必须飞走了，因为我是信鸽，我的任务还没有完成呢。谢谢你，祝福你，希望你的腿伤早日好起来。

教师：想一想对于雪儿，“我”是否也有感激之情？

学生：有！雪儿陪伴“我”养伤，帮助“我”摆脱了孤独，给了“我”友谊和勇气。

教师：现在，你是小姑娘，你也是雪儿；现在，你就在春天的阳台上——你是飞翔的小鸟，也是放飞鸟儿的小姑娘，怀着感激、祝福和不舍之情——读！

学生：“雪儿又飞回阳台，转着圈儿咕咕直叫。我望着它那金黄的眼珠，喃喃说道：‘雪儿，你去吧，蓝天才是你施展本领的地方。’我把雪儿轻轻捧起，雪儿望望我，似乎在向我祝福，然后向蓝天飞去。”

3月22日 / 星期四 晴

是时候了

一

蝉

虞世南

垂緌饮清露，流响出疏桐。
居高声自远，非是藉秋风。

秋夜喜遇王处士

王绩

北场芸藿罢，东皋刈黍归。
相逢秋月满，更值夜萤飞。

于易水送人一绝

骆宾王

此地别燕丹，壮士发冲冠。
昔时人已没，今日水犹寒。

范读，带读，简单讲解。边听边看“注释”里的词语解释及背景介绍，理解于是不难，朗读于是轻松。

然后是来来回回地读：全班齐读、小组赛读、小组轮读，两句两句地轮读。五六遍后，不少人隐约能背，便不耐烦读了。也有那等烧包的家伙，为了显摆，只三四遍就合了书，仰着头，大张旗鼓地试背——瞪眼鼓腮，费劲吃力。

教师正色制止：“不许这样一句一句地硬记。这样急着抢背，记得快，忘得更快。老老实实地！完完整整地！囫囵吞枣地！一心一意地！只是念，只是念，只是念。把整首诗念得透透熟、熟透透了，自然而然你就会背了。即便不会，回家稍微用心也就会背了。这样背得才牢靠，才入心。还有哇，我知道，有些同学学前就背了不少唐诗，可现在，会背你也读，下周背给我们听。为什么？背诵不是最终目的，比背诵更重要的，是学会享受唐诗。享受唐诗美好的意境，享受唐诗好听的声音。同样是发声，背诵需要的是动脑，朗读需要的是虚心——是忘记背诵的沉浸。当我们六十个人一起朗读的时候，我们就会沉得更深，浸得更透。这种集体的沉浸，只有在班级读书课上才能体验到，所以必须珍惜，所以不要在这个时候急于抢记。”

意思是这个意思，原话没这么严谨顺畅。

同样，课堂记录中不少有关教学思考的文句，都是意思不变原则下稍做修饰的结果。这样做，一是源自记忆对于经验的无意识美化；二是为了朋友能够看得清楚明白；第三，最主要的，是为了自己——为灵光一现的话头或意念赋予具有理性内容的表达形式，使得今后的教学能够做得更细致、更理性。这于我的提高很有好处。

不为提高，我为什么写作？

所以在我这里，实录之“实”是不够完全彻底的。看了我的课堂教学，有朋友觉得惭愧，真是大可不必啊。比我做得好的大有人在，我只是比较善于表达而已。

好在世上本无所谓绝对意义的实录。每一次教学都是无法复制、无法再现的动态流程。影响这一流程的因素很多，很多因素又是极微妙的：天上的云影，楼外的树色，窗边的清风，空气的湿度……更不要说教师当时的心意，学生当时的情绪，所有这些，都是课的组成，课的本身。

即便面对光盘，脱离了现场的氛围，你所听见、你所看到的——哪里是“实”录呢？

二

夏天的飞鸟，飞到我窗前唱歌，又飞去了。

秋天的黄叶，它们没有什么可唱，只叹息一声，飞落在那里。

短小精粹，似浅却深。

在我的班级，在三年级下，这种短小精粹、似浅却深是相对于他们的最合适——最近区域。

“‘夏天的飞鸟，飞到我窗前唱歌，又飞去了。’——夏天的飞鸟，它们所唱的歌声，你们听到过吗？”

“听到过，听到过。很欢快的。”

“秋天的黄叶，它们没有什么可唱，只叹息一声，飞落在那里。秋天的黄叶，它们的叹息你们听到过没有？”

“没有。没有注意过。”

“哦，这就是诗人和我们不一样的地方啊。希望你们以后也能听见落叶的叹息，听见星星的歌声。想象一下，落叶会叹些什么？”

“我真不想离开大树啊。”

“我好怀念春天的嫩绿和夏天的茂盛啊。”

“我不喜欢冬天！”

世界上的一队小小的漂泊者呀，请留下你们的足印在我的文字里。

“小小的漂泊者，世界上有哪些小小的漂泊者呢？”

“蚂蚁！”一个声音不假思索地说。有人轻笑，有人点头。

“是啊，蚂蚁很小，蚂蚁在世界上匆匆忙碌、匆匆离开，真的是一队小小的漂泊者呢。想想刚刚读过的句子，已经在泰戈尔的文字里留下足印的小小的漂泊者——还有谁和谁？”

“夏天的飞鸟，秋天的黄叶！”

“还有哪些漂泊者？泰戈尔写到的，泰戈尔没有写到的？”

“还有风，还有橡树，还有蒲公英……”

“人也是！老师也是！我们也是！”

“是啊是啊，我们都是漂泊者。”教师大受启发，飞快地翻到前面，“还有虞世南！还有王绩——”

“还有骆宾王！”仿佛受了催眠，学生们顺流而下地喊道。

“今天，我们读他们的绝句，读他们千年以前写下的诗歌。我们朗读的声音，其实就是他们在世界上漂泊的足音啊——足音，音乐的音。所以今天，我们可以对他们说：世界上一队小小的漂泊者啊，留下了你们的足音，在我们的教室里。

“还有泰戈尔。他也是一个小小的漂泊者，也留下了他在世界上的足音，在我们的教室里。”

这不是学生说的，这是我热切希望他们能够说出来的——可惜，铃声不合时宜地响起，打消了教师稍加引导就可以呈现的完美——然而，真实的完美都是有缺憾的。没有缺憾的完美，是乏味、僵化和没有生机的。

不信你读《吉檀迦利》的这一篇：

当鸿蒙初辟，繁星第一次射出灿烂的光辉，众神在天上集会，唱着“呵，完美的画图，完全的快乐！”有一位神忽然叫起来了——“光链里仿佛断了一环，一颗星星走失了。”他们金琴的弦子猛然折断了，他们的歌声停止了，他们惊惶地叫着——“对了，那颗走失的星星是最美的，她是诸天的光荣！”从那天起，他们不住地寻找她，众口相传地说，因为她丢失了，世界失去了一种快乐。只在严静的夜里，众星微笑着互相低语说——“寻找是无用的，无缺的完美正笼盖着一切！”

曾经以为这是对于宁静的赞美，众星制造“最美走失”的事故，就是为了止住众神的歌唱，还星空以完美的宁静。后来以为，众星未必是在耍花招。也许，她们既满意于安静，也满意于“最美的走失”——是最美的走失，成就了星空无缺的完美。

诗的意思到底是什么，也许泰戈尔也说不清呢。

不光是诗，最美的事物，就是说不清的。说不清当然是一种遗憾，然而正是这种遗憾，成就了“最美”永新的魅力。

“到了六年级，我就带他们读《吉檀迦利》。”

“太深了吧？”朋友说。

“深吗？那要看是谁的学生，是谁带他们读了。”

三

去年暑假，深圳吴书华老师来电话，问我们在儿童诗之后背什么。

“唐绝句，是时候了。背早了，孩子们觉得累；背迟了，他们会觉得总背童诗没劲。”

“一天一首唐绝句吗？”

“是的，日有所诵嘛。”

“我觉得现代诗不应当一下中断，背本应当有连续性。再说呢，一周五首古诗，也许部分孩子会觉得吃力的。”

“那就‘3+2’吧。每周3首唐绝句，2首泰戈尔的《飞鸟集》。”

事情就是这么定下来的。

也有人建议背诵名人名言，比如：

书籍是人类进步的阶梯。（高尔基）

顽强的毅力可以征服世界上任何一座高峰。（狄更斯）

人生有两出悲剧：一是万念俱灰，另一是踌躇满志。（萧伯纳）

我一笑置之！我怕我的学生看见那样的本子会噘嘴——太硬、太干、太没味道了。堆在一起简直就是沙石、盐粒或弹药。偶尔一句点缀文中尚且可观，一撮一撮地背下来，不疯也要傻的。

而且我以为：即便是为了教育——为了励志，一个人努力奋斗的最可靠的力量的泉源，也绝不是这种灌输和说教，而是发自内心的对世界、对生活的热爱。当然，现实世界和现实生活远非温馨美好——远不够温馨美好，正因为如此，我们才更要凭借我们的力量，凭借我们对世界、对生活的热爱，发掘、唤醒封存在文字里的温馨美好，使得现实和生活因此而变得温馨美好。

唐绝句和《飞鸟集》，似乎离得很远，然而彼此相通：不同的国度，不同的年代；一样的灵动隽永，一样的柔软博大……

懂得不是最重要的。似懂非懂的沉浸、喜欢加上不知不觉地受到感染和影响——这就是熏陶，这才是儿童最需要的。

开学了，捣乱的邮路误了又误。望穿“春”水啊。

时值三月。土壤够肥沃，雨水够充足，种子够饱满，阳光够温暖，孩子对于生长的期待也够迫切——等了又等，盼了又盼——“布谷”声声，清新欢悦有如雨后灿烂的晨光——是时候了。

“3+2”终于到了，“3+2”终于开始了。

3月26日 / 星期一 晴

“爷爷呀！”

一

预备铃还没有响。教师带着《图画书：阅读与经典》，照例提前来到教室；学生背着书包陆续而入，照例提前到齐。铃声响处令声下，书声照例琅琅而起。

今天是星期一，他们若是读得不好，老师就不高兴读给他们听。

《李广射虎》。李广射虎！也许，这是本周读得最好的一次。一年之春，一日之晨啊，呵呵。

> 第二天，天刚蒙蒙亮，李广的随从便去射虎的现场寻找猎物。呀！大家全都惊呆了，原来李将军射中的不是老虎，而是一块巨石！那白羽箭深深地扎进了石头，任将士们怎么拔也拔不出来。

读完了。掩卷、抬头，笑笑的目光，满含了自豪和期待，清澈、粲然地看着台上的教师。

因为双休，他们的身心得到了充分休息；经了朗读，他们的精神变得加倍灵醒和凝聚。

“有《图画书》的同学请收起书，读过这个故事的同学不要插话。谢谢合作！”

说完，教师拈笔转身，将标题和关键词写到黑板上。

魔奇魔奇树

豆太　爷爷

年糕树　七叶树

农历十一月二十日　点灯

以往的事实证明，这样做很重要。

如果说故事是花朵，这些清清楚楚写在黑板上、倾听和讨论中可以看见并抓住的“字眼儿”，就是使得花株可以在学生心中持久鲜艳并且继续生长的根须。

能够看见的画面，既少且小。今天的朗读，基本只是朗读。

二

这天，爷爷告诉他：今天是农历十一月二十日，丑时三刻，魔奇魔奇树会亮灯，可漂亮了！我是小孩子的时候，看见过。你死去的爸爸说他也看见过。是山神的节日，每次只有一个小孩子能看见，而且还只能是一个勇敢的小孩子。

可豆太不敢出去看，他早早地睡了。晚上爷爷的肚子突然疼了起来，疼得直叫唤。

我得赶快去叫医生！豆太用身体把门撞开，拔腿冲了出去。他光着脚，朝半里外的山脚下跑去。豆太一边跑一边哭，他又痛、又冷、又害怕，可这些都比不上最爱的爷爷死掉可怕。

医生背着豆太，朝山上爬来。走到半路的时候，月光中竟然飘起了雪花，这是今年的头一场雪。走到小屋前面的时候，豆太看见魔奇魔奇树亮了起来！医生说那是因为月亮正好爬到七叶树的背后，树枝之间有星星闪亮；再下一场雪，看上去就像点上了灯一样。

第二天早上，爷爷肚子不疼了，他对豆太说：你已经是一个勇敢的小孩了，不要再把自己当成胆小鬼了。

人啊，只要有一颗善良的心，没有干不成的事情。

“从那以后……”教师故意停了停。

从那以后，豆太再也不怕黑夜里的魔奇魔奇树了。

“哈哈……”教师和几个读过的孩子乐了。

说是这么说，可是从爷爷病好了那天夜里开始，“爷爷呀！”，豆太去尿尿时还是要叫醒爷爷。

“哈哈哈哈……”全班齐笑。同时，有很多撒娇的轻唤：“爷爷呀！”

三

“你最喜欢哪一段？说出理由来，老师就为你重读那一段。”

讨论就从这里开始。立足于故事，立足于文字，立足于学生的感发——白色朗读以片段形式进行，且与讨论水乳交融。

“我最喜欢魔奇魔奇树点灯那一段，大树点灯好美啊。”

教师于是再读，学生于是再醉：

医生背着豆太，朝山上爬来。走到半路的时候，月光中竟然飘起了雪花，这是今年的头一场雪。走到小屋前面的时候，豆太看见魔奇魔奇树亮了起来！医生说那是因为月亮正好爬到七叶树的背后，树枝之间有星星闪亮；再下一场雪，看上去就像点上了灯一样。

“我最喜欢豆太下山那一段。五岁的豆太真勇敢啊！”

我得赶快去叫医生！豆太用身体把门撞开，拔腿冲了出去。他光着脚，朝半里外的山脚下跑去。豆太一边跑一边哭，他又痛、又冷、又害怕，可这些都比不上最爱的爷爷死掉更可怕。

“为什么不是用手打开，而是用身体把门撞开？”

“豆太太小了。”

“豆太太急了。”

“豆太太怕了。”

“怕什么？”

“怕黑夜。”

“怕黑夜里的魔奇魔奇树。”

“可是，他更怕、最怕的是什么？”

“爷爷死去！”

“再没有像豆太那么胆小的孩子了。告诉我，豆太的勇敢从哪里来？”

“从害怕里来！”

“是的，豆太的勇敢从害怕里来。怕黑夜，怕黑夜里的魔奇魔奇树，更怕爷爷死去！最大最深的害怕，激起最大最深的力量——所以，在农历十一月二十日这个可怕的冬夜，豆太用身体把门撞开，冲下山去！如果你爱一个人，他也很爱你，那么在这个世界上，你最大的害怕肯定是……”

“怕这个人死去。”

“当危险发生。为了留住这个人，为了永远和他在一起，你会怎样？”

“做平时不敢做的事。”

“所以爷爷说：人啊，只要有一颗善良的心——”

“没有干不成的事情。”

“故事可以有两种结尾，一是刚才我们说的‘从那以后’，一是让我们都笑起来的‘爷爷呀’。你们更喜欢哪一个？”

“爷爷呀！”

“为什么？”

“这个豆太更可爱。”

“是啊，毕竟人家才五岁啊。问！现在有两个豆太，一个很勇敢，能够独自面对很多困难，几乎什么都不怕；另一个胆子很小很小，夜里一尿尿就唤‘爷爷呀！’，哪一个更幸福？或者说，你更愿意是哪一个？”

“很勇敢的那一个！”

“‘爷爷呀！’的那一个！”

“很勇敢！”

“爷爷呀！”

学生们争执起来。

“做‘很勇敢’还是做‘爷爷呀’，你可以自由选择。但有一点是确定的，那就是‘爷爷呀’更幸福。为什么？人都有软弱的时候、害怕的时候，什么都不怕、什么都能独自面对的人，肯定是经历过很多痛苦和磨难，慢慢锻炼出来的。这样的人，如果是大人，那是可敬的；如果是孩子，那就是可怜的、让人难过的。害怕的时候就害怕，害怕的时候有人可以呼唤、有人可以依靠，其实是一种幸福啊。尤其是小孩儿！所以我们希望，五岁的豆太胆子不要变大；所以我们希望，豆太夜里尿尿的时候总能喊醒爷爷。因为那就意味着……”

“爷爷一直活着。”

“爷爷身体很健康。”

“他们很幸福。”

“豆太为什么胆小？”

“爷爷爱豆太。”

“豆太为什么勇敢？”

“豆太爱爷爷！”

“因为有了爱，所以胆子小；因为有了爱，所以胆子大。勇气当然是可贵的，然而比勇气更珍贵的是什么？”

“爱！”

“是的。因为爱能生出勇气，爱能创造奇迹。”

儿童是需要宠爱的，让孩子过早地暴露于危险、困难和竞争的风刀霜剑之下是残忍而愚蠢的。当他幼小，当他身心娇弱，必要的宠爱，是蓄在根部的光明和温暖——使得将来必须独自面对寒夜的时候，能够独自面对。

那些到了成年还能享受宠爱的人，是多么多么的幸福啊。仿佛一棵树，随时可以触到充沛的地泉。

4月 April

将绘本进行到底

4月2日 / 星期一 阴

约翰·帕特里克·诺曼·麦克亨尼西走路去上学

一

前天32℃，昨天14℃，今天12℃——很多人又穿上了冬装。合肥的春天，从来都是这样乍寒乍热、忽冬忽夏。

今天是星期一；今天是三（2）班每周一次的快乐节日；恰巧啊，今天也是安徒生的诞辰。呵呵，世界上巧合浪漫的事情其实比我们想象的要多得多。而且，这些巧合与浪漫，又与浪漫风雅的人们特有缘——仿佛星星，特别喜欢在清朗的夏夜聚会。

我的意思是说：看云很浪漫，三（2）班的母语学习很浪漫。

“今天老师读的是《迟到大王》。书里的图很小，我们只能听故事。我希望读过《迟到大王》的同学忍着点，不要插话。不要因为你有书，或者你先读过，就破坏了我们大家听读的快乐和你自己听读的快乐。”

略等一等，等来了一室的期待和宁静。

迟到大王

[英]约翰·帕特里克·诺曼·麦克亨尼西

随着粉笔字的出现，下面又泛起轻微的活跃。这是对于故事的寻觅和簇绕——是沙堆里的铁屑因为磁石的出现和挨近而兴奋不安。

“迟到大王。约翰·帕特里克·诺曼·麦克亨尼西。嘿嘿……”他们笑了。然后又兴致勃勃地、渐念渐熟地，随着教师右手的划动来回地念：“约翰·帕特里克·诺曼·麦克亨尼西，约翰·帕特里克·诺曼·麦克亨尼西，约翰·帕特里克·诺曼·麦克亨尼西！”

如此这般“三称”之后，教师停手，学生停读——师生一言不发地对视着。

“嘿嘿……”笑声如音乐，从欢悦的目光之弦弹出。

“笑什么呀你们？”

“好怪、好长的名字！”张悦媛说。

“你希望自己有这样的名字吗？”

“不希望。”

“为什么？”

“这么长这么怪的名字，喊起来又难又累，有谁能记得住呢？要是我，就只喊他‘哎’！到最后，他就变成‘哎’了，连名字都没有了！”嬉皮笑脸的，马建一气儿说了这么多。显然，如果约翰·帕特里克·诺曼·麦克亨尼西就在我们三（2）班，第一个记住这个名字的，第一个成为他的朋友的，一定是马建——而不是别人。

“约翰·帕特里克·诺曼……嗯，”教师终于还是回头去看黑板，“麦克亨尼西！你们觉得，有着这样一个又怪又长的名字的孩子，他的生活中，会是幸运的事情多，还是倒霉的事情多？”

“倒霉的事情多！”

“唉，可怜的孩子！”

叹息一声，教师捧起《图画书：阅读与经典》，那本孩子们喜欢疯了的紫红封面的“大厚书”。

王涛的桌上也有一本。崭新崭新的，本周刚从市里买来。

三年以来，除非你电话通知父母，让他们盯住了写，否则王涛所有的家庭作业几乎从来都是一字不动的。虽然如此，我还是为他能够喜欢朗读课而高兴，为他能够盯住父母买来《图画书》而高兴。对王涛而言，这份对于书籍、对于阅读的热情，尤其稀薄而可贵啊。

聚焦——对于弱孩子，尤其需要教师把目光聚焦于他们身上的闪光点，竭尽全力地拢住这点光和热，并试图强烈之、旺盛之。

二

约翰·帕特里克·诺曼·麦克亨尼西走路去上学。

半路上从下水道里钻出一条鳄鱼，一口咬住他的书包。不管他怎么用力拉，鳄鱼也不松口，他只好把一只手套扔给鳄鱼。

“下水道里钻出一条鳄鱼。你们相信有这样的事情发生吗？”

“不相信。”

“怎么可能？那还有谁敢上学？”

“可是！半路上从下水道里钻出一条鳄鱼，一口咬住他的书包。不管他怎么用力拉，鳄鱼也不松口，他只好把一只手套扔给鳄鱼。这样的事情却——”

“偏偏发生了！”

到了学校，老师说：“你迟到了。还有，你的另一只手套哪里去了？”他说他遇到了鳄鱼。

“如果你是老师，你相信不相信？”

“不相信！”

“可是，世界上真实发生过的，让人难以相信的事情多着呢。就像我们在《第一时间》看到的那则新闻：一只被主人放养的乌龟，在一场大雨之后，爬出水池，穿过两条马路、一个农贸市场、一家超市，硬是回到主人居住的小区，爬到了主人家的楼下！”

“奇迹，这是奇迹！”

“有时也叫奇遇。绝大多数人都是不相信奇迹、不相信奇遇的。除非——除非自己经历过。”

一通议论后，教师接着读：

老师不但不相信，还罚他下课后写三百遍“我不可以说有鳄鱼的谎，也不可以把手套弄丢”。

“哈哈……”没心没肺的家伙们啊，他们居然还笑。

约翰·帕特里克·诺曼·麦克亨尼西走路去上学。

半路上从树丛里钻出来一头狮子，一口咬破了他的裤子。他爬到树上，等到狮子走远了，才爬下树去上学。老师说：“你迟到了。还有，你的裤子怎么破了？”他说他遇到了狮子，老师不但不相信，还罚他到墙角去大声说四百遍“我不可以说有狮子的谎，也不可以把裤子弄破”。

趁着他们的笑声还未及泛滥，教师猛然转身，面对墙角——大声地，越来越机械、越来越痛苦地念着：

“我不可以说有狮子的谎，也不可以把裤子弄破。”

“我不可以说有狮子的谎，也不可以把裤子弄破。”

“我不可以说有狮子的谎，也不可以把裤子弄破。”

“我不可以说有狮子的谎，也不可以把裤子弄破。”

“我不可以说有狮子的谎，也不可以把裤子弄破。”

渐渐地，笑声停止了。

接下来，约翰·帕特里克·诺曼·麦克亨尼西又在桥上遇上了巨浪，可老师还是不相信。不但罚他写五百遍“我不可以说小河里有巨浪的谎”，还说“如果你再这样一直迟到和说谎，我就要用棍子打你了”。

“约翰·帕特里克·诺曼·麦克亨尼西走路去上学，一个人走路去上学。”看着板书，教师仿佛是在自言自语，“独自一人，走路去上学的约翰·帕特里克·诺曼·麦克亨尼西啊，一次又一次遇见可怕的危险，一次又一次死里逃生才来到学校。在学校，在老师那里，他最应当得到，最需要得到的是什么？”

“安慰，鼓励。”

“还有保护！”

“要有人陪他、送他来上学。”

“上学路上遇见了鳄鱼、狮子、巨浪，这是多么不幸啊！然而更为不幸的是——”

“老师根本不相信他。”

“如果你是他的同学，你相信吗？”

“不信……不太信。”

“就算相信一次，也不会相信第二次。”

“多可怜，多倒霉，多倒霉啊！在老师眼里，约翰·帕特里克·诺曼·麦克亨尼西是个什么样的孩子？”

“不但迟到，而且撒谎。”

“总迟到、总撒谎。怎么教育也教育不好。”

“约翰·帕特里克·诺曼·麦克亨尼西走路去上学，如果他再因为那样的事情迟到了，等着他的将是什么？”

“打。”

“用棍子打！”

“越来越深的孤独，越来越大的委屈，越来越重的惩罚——哦，越来越可怕的学校和老师！”

约翰·帕特里克·诺曼·麦克亨尼西走路去上学。

教师的声音缓慢而低沉。无助、压抑和忧惧，紧绷绷、沉甸甸地压在每一个人的心头。

路上什么事也没发生，也没迟到。可到了学校一看……

慢条斯理地读到这里，突然，教师冲下讲台，打开教室的门。一阵寒风穿堂而过，穿堂而过的寒风中，教师定睛于屋顶上的一盏日光灯：

一只大猩猩抱着老师吊在教室的房梁上，老师在冲他大声呼救：“我被一只毛茸茸的大猩猩抓到屋顶上来了，你快想办法救我！”

“请问！如果你是约翰·帕特里克·诺曼·麦克亨尼西，你救还是不救？”

“救！”

“不救！”

“救！”

“不救！”

“就救！”

“就不救！”

“为什么救？”

“毕竟那是自己的老师啊，怎能见死不救呢？”

“可老师那么多次地冤枉你、惩罚你啊！”

“老师是为我好。”

“是啊，老师也不是故意冤枉你的，因为他没有看见你遇到的事情；因为你所遇到的事情，你连续遇到的事情，真的很难让人相信。所以你原谅老师了，对吗？”

“是的。原谅。”

“我不救！”鲍秉轩喊起来，“看见也不救，看着他被大猩猩抓走也不救！因为，因为我要出一口恶气！”

“我也不救！”李旭冉也跟着嚷嚷，“这样就可以教育教育老师，让他知道知道被冤枉的滋味！”

他说：“老师，这附近哪会有什么毛茸茸的大猩猩！”

“他说得有没有道理？”

“有。学校里怎么可能出现大猩猩呢？”

“大猩猩怎么可能进教室呢？”

“有反对的吗？”教师期待地问。

“可能！动物园里的大猩猩可能会跑出来。”

“马戏团的车子路过学校，大猩猩可能会逃出来。”

“而且，他明明看见了！”

约翰·帕特里克·诺曼·麦克亨尼西走路去上学。

朗读结束了。

没有掌声。

三

“有两种结尾。”

“一个是救，一个是不救。”一个声音脱口而出。

“是的，一个救，一个不救。你更喜欢哪一个？”

“后一个！”全班人一齐呐喊，“好带劲！”

“猜一猜，老师喜欢哪一个？”

一片争论中，教师清清楚楚地说道：“老师喜欢后一个。”

“耶！”

“薛老师知道：我也曾犯过故事里的老师犯过的错误，我也曾像故事里的老师一样委屈过你们，而且我也不是故意的。孩子们啊，如果有那么一天，薛老师被大猩猩抓到了房顶上——你们救我吗？”

“救！”

四

哪里有压迫，哪里就有反抗。故事结局是对所有成人的警告。

对于弱者而言，发泄是必需的、正当的。

对于强者而言，他们也需要来自弱者的发泄乃至报复。只有那样，强者才会真正同情和理解弱者的感受，从而拥有开阔、丰富、柔软、灵敏的人性。

当弱者被践为泥土的时候，强者也将在不知不觉中变成铁锈和顽石。和谐固然重要，但和谐——绝对不能建立在压抑弱者的基础之上。

作为教师，与孩子分享这样的故事，需要勇气，更需要智慧。4 月 2 日，是所有热爱儿童、热爱童话的人们的节日，在这样的浪漫日子里，借助于表达、想象和调侃——多多少少，学生会消解或提前消解了对于教师的怨愤。

管理着60个人（又来了一个王圆圆）的班级，无论怎样努力，教师也不能做到事事公正，事事完美，事事让所有人都满意。每天都有孩子挨批、受罚——没有怨愤，那是不可能的。

消解怨愤，也是对学生的关爱。因为怨愤如同秘密，是童年不能承受的心理毒瘤。

4月6日 / 星期五 晴

“煎辛”

赵老师一人带了三、四年级四个班的英语，十分辛苦。比较起来，四个班中三（2）班的课堂纪律算是最好的。四（1）、三（2）的班主任都已亲自上阵，放学后留学生读英语了。

几乎每节英语课后，都要踏着下课的铃声走进教室，了解刚才的纪律情况。该训斥的训斥，该罚抄书的罚抄书。实在是严防死守、寸步不让——而且惩罚还必须适度，不能惹起受罚学生对于英语教师的怨愤。

座位问题一直是让人头疼不已的敏感问题。怎么调，都不能让所有同座的两人基本用心听课、基本遵守纪律。

万般无奈之际，从仓库搬来两张桌子。这样，一两个前后骚扰、动弹不停的孩子就可以单独坐到最后；这样，课桌课椅就从后墙一直顶到了讲台。

最近两天，惊见小安长长的头发居然卷起来了。若论形状，好看倒是好看了不少。可惜那是焦黄的，仿佛夏天树梢缺水的叶子。

“哈哈哈哈，我总算知道王熙凤所说‘烧煳了的卷子’来自哪里了！”忙里偷闲，携手散步的路上，看云放声大笑，“头发嘛，大约是人体反应系统的末梢。当人心力交瘁的时候，必定要表现为头发的干枯和卷萎。可是小安你还小啊，你也卷得忒早了点。懒起画蛾眉啊，弄妆梳洗迟啊——鬓云欲度香腮雪啊！瞧你瞧我！”

这一行，实在太“煎辛”了——煎熬的煎！

有多少个煎熬中的教师，就有多少班煎熬中的学生。我的朋友中，还有一班人数七八十的呢！可怕至极，悲惨至极，不公至极。这是教师的不幸——这何止是教师的不幸。

所以我们要加倍、加倍地呵护自己。

4月10日 / 星期二 阴

儿童成长需要一对一的关注与呵护

学生家长：

期中考试定于4月19日、4月20日两日进行，由于本学期时间太短，课时过于紧张，语文、数学、英语三门功课，教师不可能有一天一课的时间带领学生温习，所以各位家长必须各负其责，根据各自孩子的情况，提前督促帮助孩子复习迎考。

考试内容为课程前半部分。

目前各科教师正在分秒必争地努力赶课，希望能在学期结束的时候，有时间组织学生进行总复习。即便如此，总复习也只能侧重于教材内容的后半部分。所以，从今天开始到19日的自主复习尤为重要。

面对60个人的大班，教师无论怎样努力也不能做到因人施教，所以格外拜托各位父母，本着对孩子成长的关心、对孩子辛苦的体察，在考前多给孩子一些帮助。好在我们已经是三年级下学期，大部分学生已经具备自己复习的能力和自觉性，大部分家长需要做的是督促、检查；当然，一部分孩子还需要父母详尽到位的扶持。

爱你所爱，无怨无悔；劳所当劳，勿辞艰辛。儿童成长需要一对一的关注与呵护。一对一的关注与呵护，使孩子确认自己在世界上是独一无二和备受珍爱的。这种独一无二、备受珍爱的感觉，是儿童战胜困难、实现成长的信心与力量的最重要的源泉。

一对一的关注和呵护，只能实现在父母与孩子之间；一对一的关注和呵护，是为人父母的起码职责。

一分耕耘一分收获。希望由于教师、学生、家长的共同努力，期中考试之后的家长会，是再接再厉、力争上游的小结会和交流会。

三（2）班班主任

4 月 10 日

第四单元测验情况汇总：

95—100 分，13 人；

90—94 分，18 人；

80—89 分，20 人；

70—79 分，9 人。

一点说明：“默写课外古诗”一题，很多同学默写成课内的，被教师毫不留情地扣掉了 5 分，否则，很多人分数会高很多，我们“3+2”没白忙！

4 月 16 日 / 星期一 晴

将绘本进行到底

一、乘着画页的翅膀

大雨过后，绿肥红瘦。空气格外清新，景致格外悦目的早晨——格外适合朗读，格外适合读绘本。

举起封面。孩子们一齐念：“《艾玛与风》。”

“这是谁啊？”

“艾玛。”

“喜欢艾玛吗？”

“喜欢！”

“为什么？”

“艾玛真漂亮！艾玛身上竟然长着花格子！”

“相信世上有花格子大象吗？”

“相信！”

“不相信！”

“相信的同学，你们相信的是世界上有奇迹——相信奇迹的人，更有可能创造奇迹；不相信的同学，你们只相信常理。可是哦，正是因为你们的不信，我们的艾玛才不同寻常啊。花格子大象，真是一头不同寻常的大象。在这头不同寻常的大象的身上，一定有不同寻常的事情发生——对不对？”

“对！”

三言两语之间，统统进入情境。纯净、奇异、欢乐的情境。

第一页。无字的画面，高高低低、深深浅浅一片绿，其间还有紫色、黄色的花朵。成团成条，所有的绿色都朝着右边低俯——空中枝飞叶舞。

“看到了什么，读到了什么？”

“田野。”

“草。”

“还有树。”

“还有呢？田野、草、树之外还有什么？”

“风！好大好大的风！”

朗读开始了。从头到尾，不再猜测不再讨论。一气呵成的感觉真好啊！看和读的过程中，时高时低，时零时众的笑声，一波接一波，接连不断地荡起。

笑声从窗口漫出，清风从窗口涌入。笑与风的气流里，乘着画页的翅膀，我们飞临遥远的森林。森林里发生的事情，我们全都看见，我们全都听见。

当灰色的象们一个接一个，鼻子卷着尾巴，尾巴卷着鼻子，顶着狂风，从艾玛与韦伯藏身的山洞前小心翼翼地鱼贯而过，一边走一边发出古怪而担忧的寻呼——“艾玛，韦伯，你们在哪里啊”；当艾玛被风吹上天空，小如一个彩色的布团；当空中的艾玛适应了风力风向，振耳飞翔——学生那个惊异、那个开心啊！

二、快乐第一

“都三年级了，还总给学生读绘本，真会偷懒！三年级了，应当努力使他们具有更高的理解力、鉴赏力。”

听了朋友的批评，既委屈又惭愧。

是的，我总是读绘本——准确地说，是比较多地读绘本。但对我来说，带着孩子读绘本绝不是一件偷懒的轻松事。同事看见，为了这 20 分钟的朗读，我是如何抱着《图画书：阅读与经典》在小安的班级书架上左挑右选的。家里绘本很多，先生也常常看见我坐对着一堆五颜六色左挑右选。

“不就是读故事给小孩听吗？干吗这么费劲哦！”

是啊，不就是读故事给小孩听吗？干吗这么费劲哦！

如果自己没有做过，看见别人这样费劲，我也会这么不解——这么不屑。

“日记里绘本写得太多，这会在网友中间造成误解，以为儿童阅读就是读绘本。儿童阅读就是读绘本，这是对儿童阅读的窄化。吸引并照亮了人们的目光，使得人们对于儿童阅读感兴趣的是绘本——但到了一定时候，绘本可能会成为一道美丽的障碍，阻止或者减缓了儿童阅读能力的进一步提高。”

朋友的担心，听起来很有道理。朋友是胸怀天下的，看问题向来高瞻远瞩。但我的想法却是：作为一个普通教师，所做一切，只能也只应当出于自己班级的需要——自己感觉到的班级的需要——抑或说是看云自己的需要——更确切。

在我看来，我们的学生，包括教师，其实是生活在很深很重的焦虑和压力之中的。这学期更是如此。

生动的、充满活力的、令人愉快的体验是最容易让人记住的；记忆力在没有强制力作用时效果最好，记忆力不是驴子，可以通过鞭打来强迫它往前走……这正好解释了当我们焦虑、恐惧的时候为什么不能好好地思考、好好地感知，甚至根本就无法思考、无法感知的事实。

正读的约翰·霍特的《孩子是如何学习的》，让我和小安一面享受着醍醐灌顶的快乐，一面重复着深觉罪重的忏悔。可是，只要进了教室，面对黑压压的一屋子人和滴答答不停步的挂钟，就不能不硬起心肠，一面内疚，一面催逼："抓紧，抓紧！""别愣神，别发呆！""快！""快点看，快点写，快点想。""快点给我静下来。"

学校的规模总的来说比以前更大，更使人失去个性，更令人害怕，更危险。他们教的东西比以前更加支离破碎，也就是西摩尔·佩珀特教授在《心灵风暴》中所说的"隔绝"，即跟任何其他东西都没有关联，因此也就毫无意义。教师们比以前更少地谈论他们教的是什么、如何教以及如何检验。学校更加顽固地坚持错误的观念，他们认为教育和教学是产业化的程序，最微小的细节都是由上级设计和计划好的，然后灌输给被动的教师，以及比他们更加被动的学生。

秩序是第一重要的。在一个人数众多、空间狭小的学校，秩序首先是安全的保证，然后才是各科教学顺畅进行的通途。

教学质量是学校和教师生存的前提。而人数众多又使得秩序与教学发生冲突。学生程度参差不齐，战线拉得很长，绝大多数情况下，怎么讲、怎么教都只能适应一部分学生的需要，那吃不饱和吃不了的，就成为课堂上动荡不安的震源——于是催促成为必需，惩罚成为必需，强制和压抑也不可避免。

在这种情形之下，分裂是必然的：同学关系的分裂，师生情感的分裂，每个人内心渴望与外在压力的分裂。

面对这种先是由外而内，继而由内而外，不可逆转、越来越重的分崩离析，第一重要的，是将因为疲惫和摩擦而分裂的同学关系、师生关系融洽起来；将因为焦虑和压力而原子化的集体融合为一。

能够实现融洽与融合的是什么？快乐，唯有快乐——师生共同沉醉其间的、简单纯净的快乐。相比任课教师，班主任的焦虑和压力是加倍的。作为一周之始的朗读，是对师生心灵的恢复和滋养——其作用和价值，远远高于理解力、鉴赏力的提升。

此在的快乐是第一重要的，第一重要的东西已经越来越稀薄了。比起让学生深刻和提升了多少更重要的，是朗读使他们觉得学校生活又多了一些温暖与幸福。当然，任何一门学科的充满智慧与艺术的课堂教学也可以带给孩子温暖和幸福，然而，相比于任务性质的教学——包括语文，真正能让所有孩子都能随其根性，各得其乐的，除了音、体、美，大约就只有朗读课了。

快乐第一。

这里的“快乐”指的是因为精神满足而获得的内在快感——并非简单的逗趣搞笑。人的精神需求是丰富而微妙的，除了欢笑之外，人也需要在崇高、纯净甚至是悲伤的沉浸与感动中获得灵魂的震荡和净化。朗读《活了100万次的猫》《温情的狮子》《爱心树》……随泪流出的，是情感的郁积，也未尝不是污垢的淤积——轻逸的感觉因此获得，前进的步伐因此敏捷。

三、绘本浅显吗

一个问题：朗读课上，多读一些深邃优美的美文不是更好吗？

这个问题成为问题的前提有二：第一，绘本是浅显的；第二，绘本朗读将使孩子只能阅读绘本。

一些自以为深刻的人认为：绘本很幼稚。绘本阅读是一个初级阶段，一个早期过程，一个越快超越越好的过渡时期。弃舟登岸，教师的目的，教师期待孩子早日到达的地方，是白纸黑字的真正的阅读——唯在白纸黑字的阅读中，才有真正的鉴赏和思考。

在我看来，绘本，尤其是经典绘本的一个共同特点就是语言的精粹。最简单的故事，最简单的对话，有时甚至连情节都没有——文章里往往不免拖出一截教化的尾巴，而绘本里极少见到——更不要说那些不厌其烦的描述和解释了。这就给了读者极为开阔的思考与想象的空间。用叶嘉莹先生的话说：次一等的读者，能够体察到作者的创作意图；高一等的读者，则因文本兴发感动，体味出作者梦也梦不到的意蕴。“昨夜西风凋碧树”“衣带渐宽终不悔”“蓦然回首，那人却在灯火阑珊处”——王国维居然从中悟出古今之成大学问、大事业者必须经过的三重境界，这种解读，实在是词人自己都不好意思承认的“言外之意”。

“此前有没有人来过宝石原野？”看云的提问，让《宝石》的作者汤素兰大呼“绝对没有想到”；而教师对于儿童发泄权利的认同，大约也是学生在听读《迟到大王》之前没有想到的。

对我而言，绘本朗读的诱人之处即在于：教师可以带领学生透过简单的情节，看见丰富的多层的意蕴。比如《一粒橡子的奇遇》和《风到哪里去了》让孩子朦胧悟出生命轮回及万化归一；比如《睡不着吗，小熊？》和《魔奇魔奇树》则让孩子感动于充满智慧、力量和温暖的父性之爱。

“看看黑暗吧，我为你拿来了月亮。”

多么隽永、温馨和出人意料的结局啊。

还有：“我爱你一直到月亮那里，再从月亮上回到这里来。”

这是真正的神品。越简单越珍贵，越简单越神奇！面对这样的绘本，要忍住了不读给孩子听，那是需要绝强的意志力的。可惜啊，《睡不着吗，小熊？》《魔奇魔奇树》，还有《迟到大王》，我只能就着《图画书：阅读与经典》给孩子读故事。如果我们看见大图，全书，那么我们的快乐、感动，还有不意而得的深刻与提升，必将更多。

在我看来，这种全无压力、轻松愉快、渐行渐深、渐行渐远的绘本阅读，只有教师能做——也是教师第一应当去做的。一本接一本，一个小故事又一个小故事，师生互相激发、互相启发，携手走过的这条简单之旅、随意之旅，将使学生终身不敢浅薄地傲视一切看起来轻微浅显的东西。这样的人，也许更具发现美、创造美的能力，更善于从平凡生活、平凡事物中发掘到属于自己的快乐和幸福。

绘本也许真的很浅——如果你不具慧眼，只能从人所共知的深刻里看见深刻。

四、绘本会使儿童阅读能力停滞吗

以为绘本朗读将使孩子只能阅读绘本，这种忧虑源于我们高估了自己对于孩子的作用，也即轻视了生命的主动性——蕴于生命内部的非长不可的必然性。

我清楚地记得，直到上师范，我还是连环画书摊上的常客，我对《三国演义》《水浒传》的了解，全部来自小人书。直到今天，我还是《连环画报》的热心读者。我对图画书的终及一生的喜爱，一点也不妨碍我走向深刻和广阔。

一直佩服小安，她比我小很多，也比我有魄力很多。收钱一次就收30元，于是她的学生从一年级开始便饱读绘本。她的班级绘本，我常用来奖励我的学生——作为奖品的不是绘本本身，而是阅读一天的特殊待遇。

我性本吝啬。潜意识里，总希望孩子借走一本书，能多读一些文字，多读一些日子。而家长呢，由于经济和观念的原因，愿意投资给孩子买图画书的也不多——即便买，也是最好称之为印刷垃圾的“乌龙院”“奥特曼”“虹猫蓝兔”……我们的班级图书里是没有绘本的。除了朗读和奖励阅读，除了父母有能力、有热情为孩子网上购书的个别孩子，绝大部分同学再没有机会接触这些经典绘本。

所以，在我看来，我给孩子读绘本，不是读得太多，恰是读得太少。

以长篇小说为主的班级共用图书，一直在以很高的频率流通周转着。《椋鸠十动物故事》《酷男生俱乐部》《随风而去的玛丽阿姨》《了不起的狐狸爸爸》《鼹鼠原野的伙伴们》《史记故事》……七万字的《山鼠叔叔的欢送会》，阅读程度中等偏下的学生一天就能看完。孩子们的日记告诉我：他们喜欢读，他们能读进去。如果“大字书”读不动，就换“抱抱丛书”。这不很好吗？请相信生命的主动性。

以上都是从学生需要的角度来谈“总读绘本”的原因。其实，最真实、最深刻的原因乃是教师自己对于绘本的着迷，是教师自己还没有从绘本研读的快乐中走出来。

正因为怀抱了这份私情私心，所以我们的绘本朗读才拥有了一般教学难以企求的自然与真诚。教师朗读绘本，大部分出于自己的需要——教师需要通过朗读，和学生一起发现独自揣摩不能得到的发现和意义。“我需要”——使得教师身上那个时刻想着教育学生、引领学生的名叫“教师”的恶魔消失了，有的只是师生同行探幽的惊喜。比起上课，绘本朗读的“教学过程”和“教学结果”较难把握、较难确定。也就是说，只有绘本讲述，能让教师多多少少放下骄傲，老老实实，从绘本——也从学生那里找回自己错过了的童年，重新获得灵气和生机。

教育意识最为明显的时候，是教师最为高高在上的时候。那时候的讨论和谈话最为虚伪做作。其实孩子是极敏感的，他们对此心知肚明，于是教育效果绝不是看起来的那样令人乐观。很多时候，是学生在有意识地配合教师，为的是让教师高兴，让自己早点完成任务。

当教师放任个人兴趣，将朗读变成充满未知的游戏和冒险的时候，很多问题、对话和感悟，都从情境中自然生动地涌现出来。这是美丽而浪漫的事情，这是吸引我不停地朗读、不停地记录的重要原因。

儿童阅读推广刚刚开始几年，作为儿童阅读事业“形象代言人”的绘本，在唤醒、软化成人，温暖、呵护儿童的过程中起着不可替代的作用。这种作用还将一直发生，越来越深刻，越来越广泛。多么希望中国的读书人，都能与绘本相伴，从绘本中汲取童心独有的快乐、温暖还有创造力。

生命是主动的。时候到了，孩子自会朝着更高的地方去，但他一定会不时回望绘本，回到源头汲取清新和力量。如果那孩子原本就是力量薄弱，无力行得更远、登得更高的，那么我们就该加倍地感谢绘本。因为是绘本让他居然可以与书相拥，享受到阅读的幸福。

无意识和潜意识是孕育培植了显意识的土壤。很多时候，无意识和潜意识是以当事人不能觉察的方式，比显意识更深刻、更有力地决定了人的思维和行动的方向。

相比于显意识，无意识、潜意识不是一个需要超越的低级阶段，而是需要人类加倍敬畏、加倍呵护的精神整体的重要部分。

同理，绘本不是一个需要超越的低级阶段，不是一截需要脱落的蝌蚪的尾巴。

我们对于绘本的研读，不是太多而是太少。未及浸润，就喊反思，这是忘恩负义，也是一种浮躁和急功近利。

五、干吗这么费劲哦

“看云读书是五体投地式的。”有朋友这样说。

是的。我的读书从来就是五体投地式的。从前的对于余秋雨、张晓风、席慕蓉、艾青、狄金森……后来的对于苏霍姆林斯基、范梅南、蒙台梭利、杜威……都是这样。是一次又一次的仿佛前所未读的五体投地，使得那些书籍或者思想成为我的一个部分、一个阶段。

现在，我对绘本正处在五体投地的阶段；现在，本着对自己的诚实，我且乘着画页的翅膀——将绘本进行到底。

“到底”是在哪一天？也许就在下一周。谁知道呢！全看自己的兴致如何了，全看手边的绘本是否令我有讲述的欲望了。否则，何必要左挑右选找本子；否则，何必要左思右想找感觉呢？

看起来简单的事情，其实做起来不简单。绘本让我着迷的，正是一份有待发现的深邃与广阔——没有这种发现的快乐，再好的绘本也是良辰美景虚设啊。

“不就是读故事给小孩听吗？干吗这么费劲哦！”

这便走到了自己奉为原则的“简单”“快乐”的对面。这便是一种充满矛盾的、富有张力的教育生活。

相信儿童的生命主动性，也相信自己的生命主动性。

这是自然的状态，这是孩子的状态。我喜欢我的状态。

应该把全副精力一心用于使现在的经验尽量丰富，尽量有意义，这是绝对重要的。于是随着现在于不知不觉中进入未来，未来也就被照顾到了。（杜威《民主主义与教育》）

4 月 23 日 / 星期一 晴

期中考试情况汇总：

95—100 分，12 人；

90—94 分，26 人；

80—89 分，19 人；

70—79 分，2 人；

60 分，1 人。

我要花多少时间

一、满怀清风、满腑馨香

“看云，你们小区真静啊！”

“这里的空气好香哦！好像不光是香樟、蔷薇和月季，好像所有的草树，所有草树的花朵和叶片都在散发着奇香、浓香！”

“这是真正的世外桃源！怪不得你离不开呢，搁谁都舍不得走啊。”

“原先不理解你干吗要守着这儿，等去了你家，进了你们小区，就全明白了。敢情合肥还有这样的好地方！真好，接地气、有仙气！从前老想劝你离开，现在啊，你要走我还不答应呢！为什么？因为你得为我守着这块仙境，因为我每年要来一次，到这慢悠悠的世外桃源漫步散心。”

朋友的赞美，让我既高兴也糊涂——弄不清自己的眷恋故地是否真有舍不得小区的缘故。

顶上的月牙，依然是一朵金黄的模糊，然而我已不觉得沮丧。我且享受这清风、朗夜和薰香。

念月榭携手，露桥闻笛啊。一人独赏，太过奢侈，太多惆怅。

从家经过操场来到学校，只有三四百米。

鸟雀呼晴，满目粲然。豪雨过后，蔷薇盛开，繁密如同绿色天幕上的粉红星辰。校园东段的围墙，霎时成了一堆生机蓬勃的锦缎。樱花、桃花、杏花旋开旋谢，迅如魔幻。高高低低的树木上，新绿压旧绿。翠滴滴、油亮亮地闪烁流动于叶片上的，是最美最盛最炫的青春和生命。

因为沉醉，因为贪恋——晚也散步，早也散步。徐行在球场外圈的环形跑道上，清风入怀，馨香满腑，有什么样的灰暗和淤积能抵得住这满怀清风、满腑馨香的涤荡和淘洗呢？

“老师好！”

“老师好！”

声声呼唤热切地响起，那是灿烂的蒲公英，摇曳在声音的世界、心灵的世界。

招手，笑了又笑。大笑——此时此刻，如果他们看见老师的手上不是提着盛书的纸袋，而是牵着一颗土豆——小土豆颠颠簸簸，陪同老师在操场上溜达，他们会做何反应呢？

晚了。那么浪漫的情境，就这么错过了。

铃声即将响起，我该进教室了。

二、“天哪，我儿子成神经病了！”

翻开《少年文艺·阅读前线》半月刊 2007 年第 1 期。

板书：

魔法妈妈

西恩　爸爸

小狗　土豆（沃立）

“《魔法妈妈》，魔法妈妈！”教师转过身，“魔法最大的特征是什么？”

“变！”

“会变出各种各样的东西！”

“看看黑板，猜猜发生了什么事？”

“妈妈把西恩变成了小狗，把爸爸变成了土豆！”

“妈妈把西恩变成爸爸，把爸爸变成西恩；又把小狗变成土豆，把土豆变成小狗。”

“哦，真是魔法通天的妈妈！如果你有这样的妈妈，你高兴吗？你希望自己有这样的妈妈吗？”

“希望。”

“不希望！”

朗读开始了。

> 已经一个多月了，西恩每天都吵闹着要养一只小狗，但爸爸的态度很坚决：“绝对不行！”

开头第一句，就紧紧抓住了孩子的心，因为他们都有西恩的愿望和苦恼。

文章不长，朗读一气呵成，只在有些段落之间做意味深长的停顿。在这短暂的停顿中间，孩子们表情各异，有人急切地盯住教师的嘴和教师手上的书，有人则呈思索状，竭力猜测着妈妈的用意和故事后面的情节。

“是啊，妈妈怎么能把土豆变成小狗呢？”喃喃自语的声音里，充满惊奇，也充满了期待和崇敬。

…………

第三天，爸爸妈妈正在准备午饭。妈妈表情严肃地对爸爸说："看来我们真得给他买只小狗了。""你为什么这么说？"爸爸不解地问。"因为儿子这几天一直随身带着个土豆，还给它起了个名字，叫'沃立'，他说那就是他的宠物。他和土豆枕一个枕头，现在又给它系了根绳子，拽着到处跑。"妈妈回答。"什么？一个土豆？！"爸爸忙向窗外望去，只见西恩正拉着土豆在散步。"而且，每次我削土豆的时候，西恩都哭喊着说我正在杀害沃立的家人。真不知道，等土豆烂了，这孩子会多么伤心！"妈妈忧心忡忡地说。

"哈哈哈哈……"

教室里一阵开心的笑。因为他们既"看见"西恩拉着土豆在窗外散步，也看见老师拉着土豆在教室散步——而且，他们已经大致猜出了故事的结局。

这时爸爸再也听不下去了，激动地说：

"天哪，我儿子成神经病了！"

"可怜的儿子，爸爸不该不让你养小狗啊！"

——戛然而止的停顿间隙，一阵呼唤脱口而出。

“我的儿子竟然把土豆当宠物？他简直是疯了！”“我也是这么想的，否则他怎么会给土豆系上绳子，还拽着它在花园里到处跑呢！”妈妈附和道。爸爸又观察了儿子几分钟，之后，他斩钉截铁地说：

“爸爸说什么？”

“我现在就去买小狗！”

“今天晚上我就把小狗给他买回来！”

三、“勒死他都太便宜他了”

上学期，孩子们——所有的孩子，都在看《虹猫蓝兔七侠传》。并不需要细瞧内容，只瞥一眼恶俗刺眼的封面，就知道那是真正的印刷垃圾。可是孩子们喜欢——几乎人手一本，所有孩子都在看。而且是做完作业，在课堂上堂而皇之地看。

“虹猫……蓝兔……好看吗？”

“好看！电视更好看！”

“全套书有好多好多本呢。”

“哦，老师明白了。这是根据动画片制作的图书，对不对？”

“对。”

“看它等于看什么？”

“看电视。”

“反应真快！我们的语文课上，做完作业可以看书，但——”

“但不可以看电视！”

“真聪明！下面，我们该怎么做呢？”

“收起来，看书。”

“关掉电视，看真正的书！”

至于课外时间是否允许他们看“虹猫蓝兔”，哪里是教师的是否允许可以做主的，又哪里应当是教师的是否允许可以做主的？

不要直接贬斥孩子喜欢的书。在自己都意识不到的情况下，孩子会为了维护自己的尊严而维护自己的喜爱。很多时候，商量胜于命令，不动声色的暗示胜于直言不讳的褒贬。

徐行在球场外圈的环形跑道上，清风入怀，馨香满腑，有什么样的灰暗和淤积能抵得住这满怀清风、满腑馨香的涤荡和淘洗呢？

对付各色污眼染心的印刷垃圾的最好方法，不是堵塞，而是引入满怀清风、满腑馨香。

给孩子时间和机会，让他们自己辨别、自己选择。如果那最好的不是孩子自己辨别和选择出来的，即便塞到他们手里，他们也是迟早要扔掉的。因为对于渴望自主和独立的成长中的生命而言，“做自己”远比“做好人”更有吸引力。

我曾听到过的关于教育的最睿智、最真实的评价之一，就是不久前一个天主教教育家说的，他在教学和教师培训方面有着多年的丰富经验。他对一群天主教中学负责人谈论了如何管理教师，敦促他们不要太快指出和纠正错误，要给教师一点时间，他们会发现并纠正错误。“对聪明人来说，一个字都是……”他慢慢地说着，伸出一根手指强调地摇了摇，“……令人发怒的。”我们所有的人都笑了起来，因为他跟我们开了个玩笑，因为他太正确了，的确就是令人发怒。我们都知道那种人，当我们不管说什么的时候，他都会迅速插进来纠正一些微不足道的错误，勒死他都太便宜他了。我惭愧地想到，我花了多少时间才让自己改掉这个习惯呢？

对聪明人来说，甚至对不太聪明的人来说，一个字

都是令人愤怒的，因为那是一种侮辱。（《孩子是如何学习的》第 102 页）

很多时候，勒死我都太便宜我了。我惭愧地想到，我花多少时间才能让自己改掉这个习惯呢？

4月24日 / 星期二 晴

我会首先感到厌倦

一

你想拥有幸福的童年吗？请到三（2）班来！

你想拥有可爱的朋友吗？请到三（2）班来！

进了三（2）班，个个都可爱！

三（2）班，三（2）班，动听的故事听不完！

如果你想听到动人的故事，如果你想听到有趣的日记，如果你想读到精彩的图书——请到三（2）班里来！

以上内容摘自学生自制小报《广告亭》。一连串的感叹号，一连串的大呼小叫。不仅是插图，连广告语也是五颜六色的。这让教师大为开心：人该懂得谦虚，人更需要自豪感；人该学会独立，人更需要归依感。学生的文字表明了：教师为培植班级自豪感和凝聚力所做的一切，并非徒劳。

从来没有出过“真正的”黑板报。在我们班，黑板报其实是一个张贴的场所，一个供孩子随时炫出自我的舞台。

《广告亭》连同上次选出的手抄报佳作，都贴到了后面的黑板上。是他们自己贴的，东一片，西一片，高高低低颇不整齐。然而就在这东一片、西一片的颇不整齐里，有一股青葱柔嫩的稚气油然透出。于是，这东一片、西一片的颇不整齐，在班主任眼里就显得格外好看。

我当然知道别人不这么觉得，我当然知道学生可以做得更好。

“晏楚芸，你觉得你们贴得漂亮吗？”

“嘿嘿，不整齐。而且，嗯……有的地方连，有的地方不连。”一起干活的方子妍、方子裕也笑了。

这不就行了嘛！

班级是谁的班级？班级应当是孩子的班级。可是，在包括三（2）班在内的绝大多数班级里，孩子的意志在班级事务中所显示出来的力量何其微弱。意识到这一令人悲哀的事实，就要在叹息的同时，尽量创造机会，哪怕在一些很小的事情上，体现出孩子的意志，留下孩子的足印——未经指导的原态的意志和足印。

创造机会，哪怕在一些很小的事情上，能有一次是一次。一和一百的差距是一百倍，一和零的差距是无穷大。

作为班主任，我为自己能够欣赏孩子“东一片、西一片的颇不整齐”而自豪。在我这里，有着比整齐美观更高的意义值得珍惜和追求：教师接纳不够“完美”、不够“正确”的程度，其实就是教师接纳孩子的程度——成长应当是舒畅自然的，孩子需要时间和自主。

孩子是敏感的，他们当然也从类似的事情中感知了自己在教师心中的分量。个人以为，这是学生能够原谅教师诸多的不够完美、不够正确的重要原因。

二

你想听到美妙的音乐吗？请到我们三（2）班里来！

这一则广告让教师笑不起来。

这个学期，为了赶课，我们只听过两三次音乐。我深深地知道，同样是声音，同样是学生喜欢的声音，可是音乐（尤其是纯音乐）所带给孩子的东西，绝对不是教师的朗读可以替代的。本学期的课堂上，时常有莫名的焦渴，仿佛干旱的禾苗期待润雨，孩子必定也是一样的。那时我知道，那时我克制着没有说：“哦，我们的耳朵渴了，我们的心灵旱了。”

忍忍吧，下学期再好好地听。很多次，就这样隐忍克服了。

可是现在。

你想听到美妙的音乐吗？请到我们三（2）班里来！

面对孩子热切的招揽，面对孩子盛大的宽容，教师不能不觉得惭愧。

《高山流水》啊，《渔舟唱晚》啊，《苏武牧羊》啊，《阳关三叠》啊，《平沙落雁》啊；还有《大浪淘沙》，还有《命运》，还有《罗密欧与朱丽叶》，还有《梁山伯与祝英台》！仅仅在一年级，我们就在教室里听了那么多首，那么多遍。

时间就那么多。听音乐，就耽误了做别的事——正事。可是，耽误了也就耽误了！不耽误白不耽误啊！现在想想，和孩子一起听音乐，真是第一值得去做的美好事情啊。在一二年级，在作为关键期的起始阶段，幸好我没有把音乐给耽误了。

你想听到美妙的音乐吗？请到我们三（2）班里来！

孩子居然不介意，居然忘记老师已经差不多半学期没有带他们听音乐了。这说明，曾经听过的——在班级和教室的“场”里听过的音乐，已在不知不觉中渗入了他们记忆的深处。

感激，惭愧！

在这急躁、枯涩、扰攘的学期里，是什么让我忘记、看轻了曾经体验和享受过的声音里流淌出来的从容、滋润与宁静？

好在还有时间。在剩下的半个学期里，孩子们啊，让我们再度陶醉、再度浸润。

依从孩子的意志，听从孩子的需要。或者干脆说，因为孩子的提醒，放弃了愚蠢的隐忍克服，依从自己的意志，听从自己的需要——这让我倍感自豪。

> 我们必须承认，的确有些老师喜欢做“领导者和牵引者”。他们喜欢那种时时刻刻控制一切的感觉，不仅要控制孩子们的身体，还要控制他们的思想。他们喜欢感觉自己是班上所有知识、智慧和学习的源泉，甚至是唯一的源泉。有些这样的老师是被一种爱的力量所驱使，班级给他们提供了大量的这种爱；另一些老师是被一种深深的、有时是饥渴的需要所驱使，他们需要感觉到自己对学生是有用的，是学生必需的，甚至是不可缺少的。关于孩子能够也应该自己学习的任何建议，都会使这两种老师感到强烈的威胁。很多其他的老师很愿意给他们的学生更多独立和自主，但是对标准考试的担心使他们退缩了，他们的学生包括他们自己会因为考试而受到评价。（《孩子是如何学习的》第208页）

当孩子在学习中缺乏自主性时，每个人都会感到厌倦。（《孩子是如何学习的》第 209 页）

看云的个人感觉是：当孩子在学习中缺乏自主性时，我首先会感到厌倦。

4月25日 / 星期三 晴

第一支歌

全校体检，一日之内必须全部结束。已经放学了，二年级还没有查完——三、四年级都在等。

三堂课加一个自习下来，学生的大脑、眼睛、嗓子都倦透了。何止是累，教师到这个时候也觉得饥饿，也需要吃一点东西呢。

推推搡搡，吵吵嚷嚷；楼上楼下来回地奔，一拨接一拨去体检地点（多媒体教室）探头探脑。询声不断，怨声不断——干燥的声音里透着焦急、疲惫和饥渴，一副虚火攻心的样子。如果听任他们这样的虚火攻心，下午的学习效果必定大打折扣——更不要说蹿来蹦去可能发生碰撞和纠纷了。

拉开放磁带的抽屉，第一眼看见的就是《邓丽君经典歌曲》。略犹豫了一下，装上“邓丽君”，提着录音机就往教室去了。

上蹿下蹦的家伙们看见老师过来了，不约而同地跟进教室。不说话，按下按钮——于是有青葱滴翠的丝竹淙淙流淌。

循着音乐，学生陆续回到座位。一些人还在说话，但语声已越来越小。

风过草偃，乐声迅速浸没了人声。这时教师才说：“都回位。做你想做的事情，但是不许说话。”

前奏结束了，听见歌声了。世上至为甜美纯净，至为温柔婉转的歌声。

教师开始写字。邓丽君唱得很慢，差不多正好她唱一句，教师写一句。恍惚间，那世上至为甜美纯净，至为温柔婉转的歌声——就是从这一支绿色粉笔里流淌出来的。

去年元夜时，花市灯如昼。
月上柳梢头，人约黄昏后。
今年元夜时，月与灯依旧。
不见去年人，泪湿春衫袖。

随着歌词的出现，孩子们开始了试探、哼唱。先是女生，然后男孩子也跟进来了。一遍又一遍，越来越自信、越来越像样的歌声中，教室里的空气变得柔软、滋润。这是我挚爱的歌者，这是我喜欢的孩子——邓丽君，她正带着我的孩子们——唱我最爱的歌呢。

去年元夜时，花市灯如昼。
月上柳梢头，人约黄昏后。

白昼属于头脑和意志，夜晚属于心灵和肉体。夜晚是一朵黑色的郁金香，从黄昏开始绽放——柳梢明月，是她的花蕊，馥郁璀璨。

只有白昼没有夜晚的精神是难以想象的，正如只有白昼没有夜晚的世界不能想象一样。黄昏，那是自然——我们的母亲，在用越来越浓、越来越柔的暮色笼盖我们、提醒我们："回家吧，孩子。回到身体、心灵和潜意识。如同倦鸟归林，疲鱼奔渊。"

可是，并非人人都听见母亲的呼唤，并非人人都拥有广袤、温柔、甜蜜、可靠的黄昏啊。那些黄昏时分有约可赴的人，那些黄昏时分可以把自己交付给身体、心灵和潜意识的人们啊，何其幸福！因为他们拥有的，是完整的世界，完整的生命。

也有不唱的。看书、剪纸、画画、打盹、发呆……唱与不唱，一样无所事事，一样无所用心。任音乐把自己带到不知所在的所在。哦，这是我们的黄昏时刻。

"三（2）班，到你们了！"

刚刚十一点一刻，赵老师就来了。真快！孩子们看着我，哼哼唧唧，一副半醉半醒的样子。

"这样吧，排队下楼。我们边唱边走。"

今年元夜时，月与灯依旧。

不见去年人，泪湿春衫袖。

刚出教室，歌声就开始变得零乱、游移。他们不记得词了，他们跑调了！

“哈哈哈哈……”好开心！

《人约黄昏后》，这是我们在教室里听过的第一支歌。

4 月 26 日 / 星期四 晴

也是白色朗读

从一年级下学期开始，从接触“亲近母语”开始，“薛老师讲的故事”就成了学生日记的重要部分。

“今天，薛老师又给我们讲了一个有趣的故事。”

“星期一是我们最快乐的日子，因为星期一总能听到好故事。”

诸如此类，千篇一律然而兴致勃勃。每当看到这样的句子，教师就开心，觉得自己的心思和唇舌没有白费。

在三年级，每到周四，第四组学生（四组座位每周按逆时针方向挪动一次）于课间逐一读日记给教师听，然后就有两三篇佳作在课堂上朗读。今天，他们听到的是韩玉琤的《轰隆隆》和李卓然的《薛老师讲的故事：艾玛与风》。

终于，风停了。艾玛落在了另一个地方。“唉，我要走多长时间才能到家呀？”艾玛伤心地说。

小鸟们来了，它们要为艾玛指路。艾玛跟着小鸟们很快到了家。大象们来迎接艾玛，顺便想听听它的奇遇。

“你错了吧，艾玛。今天不是飞行的好日子。”小鸟对艾玛说。“你也错了，小鸟。”艾玛笑着说，“今天是大象飞行的好日子！”

掌声响起来。掌声中还有热心的提醒：“还有蛇呢？被风吹得像根布带子的蛇呢？”“为什么不写老虎？那窝在山洞里避风的老虎呢？”

兴致勃勃，专心致志。时隔十天再听，学生依然那样兴致勃勃、专心致志。而且因为看过听过，因为“已经知道”，随着情节的进展，听读的过程中他们不时露出会心、温暖的微笑。会心温暖的文字，撩动起会心温暖的回忆，且再度播下会心温暖的种子——这也是白色朗读啊。

现在想来，虽然“白色朗读”提出于三年级，但它其实早就开始了。到现在，光是我能记得的，孩子们写在课堂上听过的“薛老师讲的故事”的就有：叶少华写的《巫婆街》、张思凡写的《活了100万次的猫》、李志成写的《阿布的故事》、朱紫晖写的《你看起来好像很好吃》、鲍秉轩写的《躲在树上的雨》……

呵呵，怎么今天记起的都是男生哦，真高兴！

“云门弟子”开栏以来，热衷于栏下发帖的，多是女生。

到这个学期，每周都发日记的就只有马静婷（梦想天使）、韩玉琤（小小彩蝶）和胡静怡（小荷儿）了。

孩子日记本上的精彩习作也很多，但教师是不可能把它们都打到这里的。所以“三（2）班的故事”里出现的学生佳作就集中在几个孩子那里。

只要教师愿意，肯定可以让更多学生，尤其是男生上网发日记。但教师觉得那样做有点违背“自然法则”。

既尽力而为，又顺其自然。就这样吧。

教学也要顺应教师的个人兴趣和精力状况，这也是天道和自然。29 日、30 日两天都上星期一的课，我还给他们读“花格子大象艾玛”系列之《艾玛遇见怪家伙》和《艾玛踩高跷》——这可是“风靡全球的幼儿新经典”啊。

组织起“深度讨论”需要备课，之后的记录也颇伤眼。要连着上八天班呢，我可不想让自己太累。还有，讨论中积极发言的，也总是相对集中的一些孩子，但是，只要这样的讨论发生在三（2）班、持续在三（2）班——班级就是结出讨论果实的茂盛的大树。发言不发言，只要他在听，他就是讨论的受益者。

对于朗读而言，最重要的是孩子喜欢听，听得高兴。至于“听进去”多少，“进入”文字的有多少——那就是他们自己的事情了。

我的脑海里经常回荡着几百个老师焦急的声音，他们在问我："你如何判断、如何确定孩子在学习什么东西呢？甚至他们是不是在学习呢？"答案很简单，我们无法判断，尽管我们不能确定。我对教育的看法建立在一个信念之上，尽管有很多证据可以支持这个信念，但我无法证明，可能永远也证明不了。这可以称之为"信仰"，这个信仰就是人天生是学习的动物。鸟儿会飞翔，鱼儿会游泳，人类会思考和学习。因此我们不需要通过哄骗、贿赂或者恐吓去"推动"孩子学习。我们不需要不断地刨开他们的头脑以弄清他们是不是在学习。我们需要做的——唯一需要做的——就是尽我们所能地把这个世界带到学校和教室，给孩子们需要的及他们要求的帮助和指导，然后走开。我们要相信他们能做好余下的事情。（《孩子是如何学习的》第276页）

4月27日 / 星期五 阴

不要急着回答，不要用语言回答

以议带读，以读促悟。并非所有课文都适合这样上，都值得这样上。因为并非所有课文都这样令人震动：既有思力，又有文采——是这种有嚼劲的刚性的文采。

狼和鹿

一百多年以前，凯巴伯森林一片葱绿，生机勃勃。小鸟在枝头歌唱，活泼而美丽的鹿在林间嬉戏。但鹿群的后面，常常跟着贪婪而凶残的狼，它们总在寻找机会对鹿下毒手。那时森林里大约有四千只鹿，它们要时刻提防狼的暗算。

当地居民恨透了狼。他们组成了狩猎队，到森林中捕杀狼。枪声打破了大森林的宁静。在青烟袅袅的枪口下，狼一只跟着一只，哀嚎着倒在血泊中。凯巴伯森林的枪声响了25年，狼与其他一些鹿的天敌，总共被杀掉六千只。

凯巴伯森林从此成了鹿的王国。它们在这里生儿育女，很快，鹿的总数就超过了十万只。可是，随着鹿群的大量繁殖，森林中闹起了饥荒。灌木、小树、嫩枝、树皮……一切能吃到的绿色植物，都被饥饿的鹿吃光了。整个森林像着了火一样，绿色在消退，枯黄在蔓延。紧接着，更大的灾难降临了。疾病像妖魔一样在鹿群中游荡。仅仅两个冬天，鹿就死去了六万只。到了1942年，凯巴伯森林只剩下八千只病鹿。

人们做梦也不会想到，他们捕杀的狼，居然是森林和鹿群的“功臣”。狼吃掉一些鹿，使鹿群不会发展得太快，森林也就不会被糟蹋得那么惨；同时狼吃掉的多半是病鹿，反而解除了传染病对鹿群的威胁。而人们特意要保护的鹿，一旦在森林中过多地繁殖，倒成了破坏森林、毁灭自己的“祸首”。

“谈谈吧，文章哪些地方让你受到震动，感觉难以忘怀？今天的问题，请大家尽量用文章里的话回答。”

施淑静：“第四段。人们做梦也不会想到，他们捕杀的狼，居然是森林和鹿群的‘功臣’。狼吃掉一些鹿，使鹿群不会发展得太快，森林也就不会被糟蹋得那么惨；同时狼吃掉的多半是病鹿，反而解除了传染病对鹿群的威胁。我也没有想到会是这样。我一直以为狼是凶恶的，森林里的狼越少越好，最好没有。”

“为什么说狼是森林的功臣？”教师把问题提交给大家。

“狼吃掉一些鹿，使鹿群不会发展得太快，森林也就不会被糟蹋得那么惨。”

“从前的凯巴伯森林是什么样的？”

“一片葱绿，生机勃勃。”

“那时的凯巴伯森林有多少只鹿？”

“四千只。”

“当森林成为鹿的王国的时候，还是这座凯巴伯森林，一共生活了多少只鹿？”

“十万只。”

“十万只鹿，十万张饥饿的嘴，一齐伸向森林里的植物！于是森林面临可怕的灾难，于是森林出现了悲惨的景象！找到有关语句了吗？读给我听。”

“灌木、小树、嫩枝、树皮……一切能吃到的绿色植物，都被饥饿的鹿吃光了。整个森林像着了火一样，绿色在消退，枯黄在蔓延。”

“整个森林像着了火一样，绿色在消退，枯黄在蔓延。

哦，这真是一场灾难！这仅仅是森林植物的灾难吗？”

“也是鹿群的灾难。再往后，鹿就什么食物都没有了，它们会全部饿死的。”

“仅仅是鹿群的灾难吗？”

“不，还是小鸟和其他动物的。”

“为什么这么说？”

“一百多年以前，凯巴伯森林一片葱绿，生机勃勃。小鸟在枝头歌唱，活泼而美丽的鹿在林间嬉戏。”

“活泼而美丽的鹿在林间嬉戏。活泼而美丽的前提是什么？”

“食物充足，身体健康。”

“可是，到了 1942 年，鹿群是什么状况？”

“到了 1942 年，凯巴伯森林只剩下八千只病鹿。”

“怎么会这样？”

“疾病像妖魔一样在鹿群中游荡。仅仅两个冬天，鹿群就死去了六万只。”

“疾病为什么会蔓延开来？”

“狼吃掉的多半是病鹿，反而解除了传染病对鹿群的威胁。”

“狼都死了，再也没有狼帮助鹿群解除传染病的威胁了。也就是说，由于狼被捕杀，过量繁殖的鹿群只有死路一条，不是饿死——”

“不是饿死，就是病死！”

“捕杀狼不仅毁了森林，也害了鹿群。反过来说，人们大量捕杀的狼，既是森林的功臣——”

“也是鹿群的功臣。”

李旭冉：“而人们特意要保护的鹿，一旦在森林中过多地繁殖，倒成了破坏森林、毁灭自己的‘祸首’。这句话让我感觉震动。因为在我印象中，鹿嘛，总是善良、美丽、可爱的，我怎么也没有想到，它们会成为破坏森林、毁灭自己的祸首。老师，这里的‘功臣’和‘祸首’为什么要用引号？狼本来就是功臣，鹿本来就是祸首嘛！”

“就是因为人们做梦都没有想到啊！”大家一起回答。

“不能说鹿是破坏森林、毁灭自己的祸首。”教师更正道，“从前的四千只鹿，它们是森林和自己的祸害吗？不是！应当怎么说？”

“过多繁殖的鹿群，是破坏森林、毁灭自己的‘祸首’。”

马健：“枪声打破了大森林的宁静。在青烟袅袅的枪口下，狼一只跟着一只，哀嚎着倒在血泊中。老师，读到这里，我觉得好伤心。我感觉狼很可怜！”

朱翔宇：“森林那么大，狼有那么多，怎么都被捕杀了呢？”

“凯巴伯森林的枪声响了 25 年，狼与其他一些鹿的天敌，总共被杀掉六千只。”

“齐答得好！再读，再告诉朱翔宇一次。”

“凯巴伯森林的枪声响了 25 年，狼与其他一些鹿的天敌，总共被杀掉六千只。”

“什么感觉？用一个词回答我。”

“惨！狼好惨。”

“凶残！人很凶残。”

“从前的凯巴伯森林一片葱绿、生机勃勃；从前的凯巴伯森林是宁静、平衡、美丽的。是谁用枪声打破了这种宁静、平衡和美丽？”

“是人。”

“是当地居民。”

“他们恨透了狼。”

“是的，是人，是当地居民——是出于偏见，肆意捕杀狼群，破坏生态平衡的当地居民。他们才是真正的祸首。齐读第四段。”

“人们做梦也不会想到，他们捕杀的狼，居然是森林和鹿群的‘功臣’。狼吃掉一些鹿，使鹿群不会发展得太快，森林也就不会被糟蹋得那么惨；同时狼吃掉的多半是病鹿，反而解除了传染病对鹿群的威胁。而人们特意要保护的鹿，一旦在森林中过多地繁殖，倒成了破坏森林、毁灭自己的‘祸首’。”

“对于森林和鹿群而言，狼是功臣，过多繁殖的鹿群是祸首。这是凯巴伯森林的居民做梦都想不到的事情！他们真是好心办蠢事啊。狼是功臣，过多繁殖的鹿群是祸首，学习《狼和鹿》之前，你们想到没有？”

“没有。”

“从那以后，当地居民还会再做蠢事吗？”

“不会了。”

“为什么？”

“要维护生态平衡，还要保护环境。”

“我们呢？不要急着回答，不要用语言回答！拯救地球和人类，需要智慧，更需要行动。”

5月 May

这就是原始森林

5月6日 / 星期日 晴

花样母女

4月30日下午的家长会上，布置了家长作业，要求于5月10日之前交来孩子、家长日记各一篇。即将编撰成集的班级之书定名为《蔷薇朵朵》。《笋芽儿》《雁南飞》《香樟树》《123，爬上山》——《蔷薇朵朵》，这是第五本。

下午在“云门弟子”中看到的第一份稿件，是马静婷及其母亲朱云娟的文字。分别是《荷花》《蔷薇朵朵满园开》。我笑了：为了整出这朵蔷薇，这个朱云娟不知费了多大劲！还是看她去年这个时候的作业吧，那才有趣呢。

和孩子一起读书

我不是一个爱看书的人，可是女儿在老师的引导下却很爱看书，也经常给我讲书中的故事。今天写“和孩子一起读书”，倒不如说是“孩子带我一起读书”。

女儿常看的一本书，是她五岁时她哥哥送的，书名叫《幼儿故事大王》。现在这本书已经很破旧了，可它依然躺在女儿的书桌上。就是这本女儿最爱看的书，我却从来没有读过。

晚饭后，女儿又拿来了这本书说：“妈妈，我给你读一个小故事，故事的名字叫《鹅太太洗澡》，但你听完后要猜一猜，鹅太太洗澡时忘了什么。”说完后就读了起来。

鹅太太记性不太好，做事总要忘记什么，这天她烧好了水，放好了盆，拿来了毛巾和肥皂，正准备洗澡。突然，鹅太太记起来，好像忘记拿浴巾了，她就马上去取。取来了浴巾她跳进澡盆就开始洗澡，洗着洗着觉得不对劲，好像还忘了什么，自己又想不起来。这时正好有三只小鸭子经过，鹅太太忙跳出澡盆问三只小鸭子，她洗澡出了什么问题。三只小鸭子一看，都大笑起来……

读到这儿时，女儿忙问：“妈妈，你猜一猜，鹅太太洗澡时忘了什么了？”我想了一会儿，还真没想出来，就急着让女儿公布答案。女儿说："妈妈，你真笨，这么简单的问题都回答不出来，鹅太太洗澡时不是还没有倒水吗？洗澡不用水叫什么洗澡啊？"说完后，我和女儿笑成一团。

事后，想想这个故事，自己觉得很惭愧。女儿这么爱的一本书，我却一点儿也不知道它的内容。

从自己不读书，到受女儿的影响开始看一点儿书，我想老师的魔力是何等的大，既教育了孩子又帮助了家长。近一段时间老师借给女儿的几本优秀书籍，我也一一拜读，从这些作品中，我也感受到了许多快乐。我想，我以后还会继续和孩子一起读书，真正做到"和孩子一起读书"，而不是"孩子带我一起读书"。

5月9日 / 星期三 阴雨

对子·酵头·第一个热馒头

连日晴热之后，久违的薄阴让人觉得好生舒畅。

《槐乡五月》要求全文背诵。因此，教师希望学生能在课堂上将文章读个八成能背。第一重要的不是朗读的次数，而是朗读投入的程度。

铃声响起。

“一笼馒头蒸熟了，揭开锅盖，个个都诱人，个个都好吃。然而最香最甜的，只能是最先入口的那一个。热滚滚、鲜腾腾。更不要说你当时还有点饿！四十分钟，分秒必争。一定要把朗读热滚滚、鲜腾腾地拿下！其他事情，都可以放到第二课时去。否则，就对不起清凉的天气，也对不起上午第一节的黄金课时！”

打开书，翻到21课，径直范读第一段。教师的朗读绘声绘色、绘香绘色。学生一边听一边画着停顿符号，一下就进入了五月的槐乡。

五月，洋槐开花了。槐乡的山山洼洼，坡坡岗岗，似瑞雪初降，一片白茫茫。有的槐花／抱在一起，远看／像玉雕的圆球；有的槐花／一条一条地／挂满枝头，近看／如／维吾尔族姑娘／披散在肩头上的／小辫儿。“嗡嗡嗡……”小蜜蜂飞来了，采走了香的粉，酿出了甜的蜜。“啪啪啪……”孩子们跑来了，篮儿挎走／白生生的槐花，心里装着／喜盈盈的满足。中午，桌上就摆出了／香喷喷的槐花饭，清香、醇香、浓香……这时候，连风打的旋儿／都香气扑鼻，整个槐乡／都浸在香海中了。

然后是齐读，三两字词生疏的地方，就停下来做重点指导。只两遍，就整齐流利了。

“这一段有几处语句对得整齐的地方，找找看，在哪里？”

“嗡嗡嗡……”小蜜蜂飞来了，采走了香的粉，酿出了甜的蜜。“啪啪啪……”孩子们跑来了，篮儿挎走白生生的槐花，心里装着喜盈盈的满足。

韩玉琤大声读道。

齐读“对句”。之后两组一拨儿、两组一拨儿地分角色读、换角色读。一遍又一遍，教师激发的话语如同颤动的青草，逗引得赛场上的蟋蟀们兴致勃发、斗志昂扬。

“一组对句里有两个分句。注意，‘嗡嗡嗡’和‘啪啪啪’所在的分句里，是否还能找到小对子？”

“‘采走了香的粉’和‘酿出了甜的蜜’是一对。”

“‘篮儿挎走白生生的槐花’和‘心里装着喜盈盈的满足’是一对。”

于是做更细的分角色、换角色朗读：

齐：“嗡嗡嗡……”小蜜蜂飞来了，

A：采走了香的粉，

B：酿出了甜的蜜。

齐：“啪啪啪……”孩子们跑来了，

A：篮儿挎走白生生的槐花，

B：心里装着喜盈盈的满足。

“再找，本段还有其他对句吗？”

于是，又一组对句浮出段落；于是，又一次游戏性质的赛读开始。

A：有的槐花抱在一起，远看像玉雕的圆球；

B：有的槐花一条一条地挂满枝头，近看如维吾尔族姑娘披散在肩头上的小辫儿。

再次朗读全段：

齐：五月，洋槐开花了。槐乡的山山洼洼，坡坡岗岗，似瑞雪初降，一片白茫茫。

A：有的槐花抱在一起，远看像玉雕的圆球；

B：有的槐花一条一条地挂满枝头，近看如维吾尔族姑娘披散在肩头上的小辫儿。

A：“嗡嗡嗡……”小蜜蜂飞来了，采走了香的粉，酿出了甜的蜜。

B：“啪啪啪……”孩子们跑来了，篮儿挎走白生生的槐花，心里装着喜盈盈的满足。

齐：中午，桌上就摆出了香喷喷的槐花饭，清香、醇香、浓香……这时候，连风打的旋儿都香气扑鼻，整个槐乡都浸在香海中了。

第二段，只有一组对句。只有一对，这就够了！发一大团面，只需一小坨酵头就行啦。

吃咸的，浇上麻油、蒜泥、陈醋；吃甜的，洒上炒芝麻、拌上槐花蜜。

“你家是咸的，你家是甜的。老师吃谁家的呢？哪家味道好，我就吃哪家！”

A：吃咸的，浇上麻油、蒜泥、陈醋；

B：吃甜的，洒上炒芝麻、拌上槐花蜜。

咸的、甜的。一时间，朗读成了招揽生意的吆喝。热腾腾、香喷喷，教室里果真飘起了诱人的槐花饭香！

文似看山不喜平，课也一样。一个段落，但凡有了一两处声色俱佳的好句群，整个段落就亮丽起来了。发现它们，抓住它们——学生的朗读状态自然就被调动起来了：

在洋槐开花的季节，只要哪位小朋友走进槐乡，他呀，准会被香气熏醉了，傻乎乎地卧在槐树下不想回家。好客的槐乡孩子就会把他拉到家中，请他美美地吃上一顿槐花饭。槐花饭是用大米拌槐花蒸的。吃咸的，浇上麻油、蒜泥、陈醋；吃甜的，洒上炒芝麻、拌上槐花蜜。小朋友临走时，槐乡的孩子还会送他一大包蒸过晒干的槐花，外加一小罐清亮清亮的槐花新蜜。

范读，齐读，找出对子分角色读——如此顺流而下，到了第三段：

五月，洋槐开花了。

A：槐乡的小姑娘变得更俊俏了，她们的衣襟上别着槐花，发辫上戴着槐花，她们飘到哪里，哪里就会有一阵清香。

B：小小子呢，衣裤的口袋里装的是槐花，手上拿的还是槐花。他们大大咧咧的，不时就朝嘴里塞上一把，甜丝丝、香喷喷的，可真有口福呢。

男生女生先本色，后反串，读得好开心。

铃声响起。

“下课！”

“老师再见！”

个个志得意满，个个欢欣鼓舞。

一笼馒头蒸熟了，揭开锅盖，个个都诱人，个个都好吃。然而最香最甜的，只能是最先入口的那一个。热滚滚、鲜腾腾。更不要说你当时还有点饿！

教师要做的，就是制造饥饿感，然后令第一重要的事情，成为第一个热馒头。

末一段：五月，是槐花飘香的季节，是槐乡孩子的季节。

我知道，如果把“酵头”换作“酵粉”，题目读起来会好听很多。可是我更知道，“酵粉”和“酵头”做成的馒头，味道大大的不同。所以犹豫再三，还是牺牲听觉，满足口感了。在我看来，文章应当有好的声音，也应当有好的滋味。在这里，滋味更重要。

如今，已经很难吃到酵头发面做成的馒头了。馋呢。

严老师和小安说："最好吃的馒头，其实是用米酒发面蒸出来的！带着米酒的清甜和醇香。"

向往啊！

5月14日 / 星期一 晴

“这就是原始森林”

一

为了这20分钟，我、唐礼群，还有叶少华，已经准备了一个星期。这是一次尝试，如果成功的话，以后遇到文字篇幅较长的绘本，就可以用这种“放电影”的方式来朗读，既节约时间，又锻炼了学生的能力。

学生先读课文。他们读不好，教师就不读。

“今天的朗读，最后有一个游戏环节。游戏内容就印在这张折叠起来的纸上。未经老师许可，不准展开偷看，这是游戏规则。能遵守吗？”

“能！”

“21.恐龙——开始！”

21. 恐龙

大约两亿年前，地球上到处是大片大片的沼泽，深谷里、山坡上都覆盖着茂密的森林。那时恐龙到处漫游，足迹遍及整个世界。

学生朗读，教师挨座发纸。发完纸，教师板书标题“原始森林里的老树”，并从上到下写出一个纵列的关键词：

冷杉球果

貂松鼠

啄木鸟

白蚁

猫头鹰

田鼠和老鼠

块菌

树根

板书完毕的同时，学生朗读也结束了。他们满怀期待地看着黑板，包括读过“老树”的那几个。因为他们知道，尽管已经读过，可是——在朗读课上听老师朗读的感觉还是不一样，大大的不一样。

二

教师展示封面，学生齐读书名：“《原始森林里的老树》。”

“叶少华，你来读！”

孩子们略吃一惊，纷纷回头。教师解释道：“从前读绘本，都是老师一页一页地读文字，然后你们一页一页地看画面。今天，老师和叶少华合作，他读文字，我翻画页。你们呢，一边听一边看，就当是在看电影。好不好？”

“好！”

翻书。第一页：淡紫的夜色，微黄的圆月；画面左下方，一只归林的大鸟，远远飞来；高高低低、大大小小，一片沉睡的绿树。整幅图画的背景，是类似于布纹的底色——此后以蓝、绿、紫为主，整本书所有画面都是这种类似于布纹的底色。极易让人联想到棉质的床单：干净、阔大、柔软、温暖。

这就是原始森林。

叶少华开始了。“不错！再大声些！”

翻。苍绿的老树顶天立地，壮硕的身姿占据了整幅跨页的一大半。

这是一棵三百多年的老树，
它长在原始森林里。

再翻。画面一半是地面以下的景象——学生很少看到的景象：

这是树根，
它们从泥土中吸取养分，
滋养着三百多年的老树，
老树生长在原始森林里。

“哇！”不少孩子回头，将赞叹送给叶少华。因为他们发现，叶少华其实是在背诵。

“看图，看这边！”教师一边翻一边提醒大家，“仔细听。看能听出什么秘密来。”

这些是细小的地下块菌，
它们长在树根上。
树根从泥土中吸取养分，
滋养着三百多年的老树。
老树生长在原始森林里。

“哦！我知道，我发现了！”几个人急切地举手。

“不要着急，不要举手。你有发现吗？请不要说出来；你有发现吗？请跟着读出来！”于是从第三行开始，就有人加入进来：

田鼠和老鼠在地下挖洞，
并吃地下的小块菌。
这些小块菌长在树根上，
树根从泥土中吸取养分，
滋养着三百多年的老树。
老树生长在原始森林里。

“呵呵，真的很棒啊！”真诚地赞叹着，教师猛然翻页：夜色暗紫，树影暗紫，一只猫头鹰展开巨大的翅膀，无声地罩住了画面的大半；死亡，也随着恐怖的翅膀，无声地罩住了画面右下方那只浑浑然的小老鼠。又是从第三行开始，又有一些孩子加入进来：

这是在夜间飞行的猫头鹰，
它猎食田鼠和老鼠。
田鼠和老鼠在地下挖洞，
并吃地下的小块菌。
小块菌长在树根上，
树根从泥土中吸取养分，
滋养着三百多年的老树。
老树生长在原始森林里。

因为参与，孩子们兴奋不已。他们有的自信满满，放出喉咙里的力量；有的小心翼翼，扮演着南郭先生的角色。充满杀机的一页过去，眼前出现了一窝熟睡的小猫头鹰！微笑着，在几个精明鬼的率领下，孩子们试探着读出新句子。

这些是正在睡觉的小猫头鹰，
它们由夜间飞行的大猫头鹰喂养。
…………

呵呵，叶少华的声音几乎要被盖住了。再翻，树干上赫然出现一个树洞。在我的示意下，叶少华挺直了身体，将声音提到了最高：

这是树洞，
是睡觉的小猫头鹰的家。
小猫头鹰由夜间飞行的大猫头鹰喂养。
…………

加入的孩子越来越多。越是到后面，齐读的声音就越是整齐、响亮和自豪——因为句子的累叠，也因为那一纵列关键词的提示。

三

教师笑了："好像都会背了呀！谁来跟叶少华合作？谁

能从‘田鼠和老鼠挖洞，并吃地下的小块菌’开始，独立响亮、一字不误地背出来？”

只有一个人举手。其实，能诵的绝不止一个人。李旭冉举手，是因为李旭冉比别人多一分勇气和信心。翻——

叶少华：

这是啄木鸟，
正在寻找白蚁。
白蚁蛀出了树洞，
树洞成了小猫头鹰的家。
小猫头鹰由夜间飞行的大猫头鹰喂养。
猫头鹰猎食田鼠和老鼠。

李旭冉：

田鼠和老鼠挖洞，
并吃地下的小块菌。
小块菌长在树根上，
树根从泥土中吸取养分，
滋养着三百多年的老树。
老树生长在原始森林里。

“怎么样啊？”教师问。

“哗——”掌声响起来！

叶少华：

这是活泼的、吱吱叫的松鼠，
它在责骂啄木鸟。
啄木鸟正在寻找白蚁。
白蚁蛀出了树洞，
树洞成了小猫头鹰的家。
小猫头鹰由夜间飞行的大猫头鹰喂养。
猫头鹰猎食田鼠和老鼠。

李旭冉：

田鼠和老鼠挖洞，
并吃地下的小块菌。
小块菌长在树根上，
树根从泥土中吸取养分，
滋养着三百多年的老树。
老树生长在原始森林里。

翻。又一幅杀机腾腾的画面，孩子们不甘寂寞了，一个跟着一个，他们再度加入进来：

这是饥饿的、行动隐蔽的貂，
它正悄悄地走近活泼、吱吱叫的松鼠。
松鼠在责骂啄木鸟。

啄木鸟正在寻找白蚁。

…………

翻。“嘿嘿”，大家都乐了：貂被球果击中头部，正在那里翻白眼呢。教师也笑了，手指点点画面右上方：松鼠正从枝头纵身跃起，飞快逃窜。

这些是冷杉球果，

它们从树枝上掉下来，

把饥饿的、行动隐蔽的貂吓了一跳。

…………

翻。有字的最后一页，壮硕的老树顶天立地，似在俯瞰蓝天白云。

这是三百多年的老树，

树上长着冷杉球果。

和着叶少华的声音，教师充满感情地念出开头的两行。然后让学生把纸打开：“来，我们一起读！”于是——这棵三百多年的老树，这个众多生命的家园，在60个孩子齐读的声音中巍然立起：

这是三百多年的老树，

树上长着冷杉球果。

…………

翻。无字的最后一页：橙红的夕阳，温暖地拥抱着整座原始森林；画面右上方，一只大鸟远远归来。至于那棵三百多岁的老树究竟是哪一株，我们已经认不出来了。

四

“说说你们的发现吧。”

“生物链！”骤然响起的铃声中，朱翔宇连比带画，急切地嚷着。其他人忍不住上来帮腔，七嘴八舌把生物链串成串：“貂捕食松鼠，松鼠吃球果，啄木鸟吃白蚁，白蚁咬出树洞，树洞成了猫头鹰的家，猫头鹰捕食田鼠和老鼠，田鼠和老鼠吃块菌，块菌长在根上，树根又从泥土里吸收营养。”

“为什么渐渐地我们都能读，都能背？”

“重复，很多句子都是重复的。”

“诗是一行一行长出来的。”

“对，整首诗是一行一行长出来的。从地面以下，从——”教师指着黑板最下方的那个词。

“从树根开始长出来的！”

“这是一棵树，从泥土，从根部，慢慢长出来的一棵三百多年的老树；这是一本书，从画笔，从文字，从作者热爱生命、热爱自然的心里，一笔一笔，一句一句，慢慢长出来的一本好书！现在，让我们爬上树端，从上往下俯瞰这棵大树。”

外面一片脚步声，那是三楼的学生正往操场去。现在即便出去排队，也要在走廊等两分钟。于是，教师举起有字的最后一页，坚定地念出：

这是三百多年的老树，
树上长着冷杉球果。

然后坚定地回翻。教师的坚定带动了学生。他们有的看纸，有的不看纸——大声念：

冷杉球果从树枝上掉下来，
把饥饿的、行动隐蔽的貂吓了一跳。

就这样，真像放电影一样，一幕只读一两行，很快回到了第一页：淡紫的夜色，微黄的圆月；画面左下方，一只归林的大鸟，远远飞来；高高低低、大大小小，一片沉睡的绿树——

这就是原始森林。

5 月 21 日 / 星期一 晴

“你也是大自然完美的创造！”

一、于是

班级读书一路走到今天，大大得益于学生、家长的推动启发。唯其如此，我们的班级读书才是生动自然、活力充沛的。

一年级刚开学的时候告诉家长：各自给孩子买适宜的图书，家长酌情确定阅读任务，家长负责督促，教师负责检查。于是家长来信说：“还是老师您定吧。我们真不知道什么书适合孩子。”于是要求人手一本《新编儿歌 365 夜》。

我让家长根据孩子具体情况，各自确定孩子熟读的篇数。李德昊父亲又来信了：“还是老师您统一规定任务吧。只要是老师安排的，再多孩子都没话说。可如果是父母布置的，再少孩子也要讨价还价。”于是统一规定每天熟读两首儿歌。第一次检查，就有孩子 14 首儿歌都会背诵的。于是熟读的给 80 分，会背的给 100 分外加隆重表扬；于是开始会背的孩子与周俱增——到后来，背诵变成家长签字，教师抽查。

《新编儿歌 365 夜》还没背完，教师正在考虑“天天背”是否继续、如何继续。家长、学生都来问：“老师，儿歌后面我们背什么呢？”于是，我出点子，茫眉辛劳；于是有了《新编儿童诗 100 首》《神奇的窗子》《用绳子牵着的月亮》和《唐绝句 · 飞鸟集》；于是“日有所诵”成了我们的班级传统。

因为网上日记和四处讲座，“日有所诵”得到家长和教师的强烈认同。“真是太好了呀，我们孩子如何才能得到这样的背本呢？”家长、教师及学生的迫切需要促成了《日有所诵》系统背本的编写——于是一至六年级的《日有所诵》背本将在六月正式发行出版。

“啊？！还要等到六月啊？”

前天，在华东师范大学科学会堂，一位母亲叹息道。我笑了：“老师啊，不要太急。今天已经是 5 月 19 日了呀！”

再说朗读，从一、二年级不定期地讲故事、不定期地朗读，到 2006 年 9 月的“每周的学习从朗读开始”，整个三年级，周一的早自习成了雷打不动的朗读时间，成了学生的节日。

然后是由教师发声进行的白色朗读，然后是从《大闹天宫》开始的学生朗读。

上周电影式的“老树”，原是为了节省时间，没有想到叶少华能够将文字全部背下，没有想到李旭冉能够与叶少华合作，当堂完成逐行生长的诗歌朗诵。

于是，有了《奇妙的自然，美妙的你》第一课。《蒲公英》《橡子》《老树》都读完了，一套画丛就剩这一本了。原以为《奇妙的自然，美妙的你》是没有办法朗读的，因为这一本文字最多，内容也最为丰富。

可是现在，教师已经有办法了。如此这般五周下来，就可以一字不漏地读完整本书。20 分钟时间太过紧张了，如果有 30 分钟，那么一切都可以进行得充分和从容些。

《奇妙的自然，美妙的你》，这是怎样的科普读物啊，这又是怎样的诗篇与画卷！徐冬梅老师怅恨无比的叹息又一次响在我的耳边：“到什么时候，我们中国才能自己出版这样的好书？”

希望是有的。全部的希望就在于：我们的教师带着我们的学生读这样的书，然后孩子们长大——成为比我们更美好、更强大、更富于创造能力的新人。

三个孩子已经准备了一周。因此这节课进行得十分顺利，教师自然十分省力。

二、翻

封面。学生齐读："奇妙的自然，美妙的你。"

扉页。教师读："凯利·艾瑞兰德/著；克里斯托弗·坎佣/绘；止戈/译。"

翻。学生欣赏着湖光山色，同时听见张悦媛响亮动情地背诵：

你可曾度过山中一日？
你可曾注意到那里是多么宁静？
你可曾看到松鼠匆匆跑过，
去寻找饱满的坚果做它的晚餐？

林中的树挺立着，
一天又一天，一年又一年。
万物都按自己的规律运动，
做他们最有价值的事情。

翻。宽阔的跨页，粗壮的大树；树下一只可爱极了的红鼻子负鼠；负鼠的身边是苍苔、绿草、黄花、白蝶。学生兴致勃勃地看，同时听见高陈送出的画外音：

负鼠是一种有袋动物，生长在美国。它身上长着个口袋，可以把自己的小宝宝带在身上。负鼠一次可以同时产下14只小负鼠。当这些宝宝出生时，只有蜜蜂那么大，没有毛，眼睛也是瞎的，可它们能摸索着爬过妈妈毛茸茸的肚子，钻进育儿袋里。育儿袋里是多么温暖啊，在那里，它们高兴地随着妈妈自由行动。两个月后，它们爬出育儿袋，骑在妈妈脖子上寻找食物。它们可不挑食，几乎什么都能吃。

响亮而动情，张悦媛的声音第二次响起：

太阳并不想转得更快，
或发出更明亮的光芒。
但它从未停止过
转动和发光。
星星也从来不想
为使自己更美，
改变自己的模样。

小狼在嗥，兔子在跳，
负鼠用肚袋装着自己的宝宝。
这各种各样的不同都很有道理，

大自然中的每样事物，

仅仅按它自己的方式，

就是那样美妙。

按你自己的方式去生活吧，

你也是大自然完美的创造。

翻。看见了树枝草丛，以及树枝草丛中的各种馈赠：象牙、象鼻、虎尾、狮尾，还有一尾游鱼、一只飞鸟。

大象是唯一一种有长鼻子的动物。靠着长长的象鼻，它能够得着高高树尖上的树叶，那是其他任何动物都做不到的。

非洲象是目前世界上最大的陆地动物。最大的象有4米高，8 211千克重！一只成年象每天要吃超过150千克到180千克的草和树叶。它几乎一整天都不停地吃东西！

大约14个象妈妈和它们的孩子们喜欢群居在一起，最老的母象是这个群体的头领。大象的感情非常丰富。每当短短的分离后，一家子重新聚在一起，它们就会互相轻轻抚摩，或发出“嗡嗡”的声音，来表示对家庭成员的欢迎和爱。

仅仅过了一周，叶少华的声音，已经由上次的清晰响亮变得雄壮有力。多一次锻炼毕竟是不同的。今后的朗读，每次挑选两个新手，每次带进一个老手。教师就是要让表现特别好的孩子把悟出来练出来的好感觉在连续活动中固定下来、凸显出来，让大家都听见、都知道：应当如是跟、如是学、如是诵。这样做，受益最大的自然是连续得到锻炼的人；同时，对于听众而言，也是最好的培训和见习。如果那孩子是有心的，其收益将更为丰盛，也更易在活动中脱颖而出——被教师发现，被同学认同。

平均主义是要不得的。班级是“一”，是一座生命的林子。一棵树的壮硕，属于这棵树也属于整座林子。不顾个性，无视各人努力程度的绝对均等，其实是用一张水平拉起的“公正”的铁网，阻滞了每棵树木的生长，从而使整座树林变得低矮。

鱼儿不会因为看见鸟儿会走，
就试着走在岸上；
大象不会试着飞翔，
野猪也不会爬到树上。

老虎有条纹，豹子有斑点，
狮子两样都没有。

没有人希望它们是别的样。

大自然给每个生命，
都赠送了一份特殊的礼物。
想想看，
你得到的特殊礼物是什么？

张悦媛问毕，“电影”也结束了。教师收起画面，让孩子看事先发下的文字材料，分组朗读。一、二两组读诗歌，三、四两组读“负鼠”和“大象”。之后是简短的讨论。

“我第一次知道负鼠一次可以同时产下 14 只小负鼠。当这些宝宝出生时，只有蜜蜂那么大，没有毛，眼睛也是瞎的，可它们能摸索着爬过妈妈毛茸茸的肚子，钻进育儿袋里。多么有趣啊！”

“原来大象也是感情丰富的动物。我对大象更加了解了，也觉得大象更可爱了。”

“‘鱼儿不会因为看见鸟儿会走，就试着走在岸上；大象不会试着飞翔，野猪也不会爬到树上。老虎有条纹，豹子有斑点，狮子两样都没有。没有人希望它们是别的样。’老师我知道这是为什么，如果每一种动物都羡慕别人，都希望成为别人的样子，那么它就不是它了。鱼不是鱼，野猪也不是野猪，那么大自然就不自然了。”

“‘大自然给每个生命，都赠送了一份特殊的礼物。想想看，你得到的特殊礼物是什么？’我以为，我们得到的特殊礼物就是智慧。”

铃声响了。

你可曾度过山中一日？

你可曾注意到那里是多么宁静？

…………

略为匆促地，学生齐读诗歌部分。

“按你自己的方式去生活吧，你也是大自然完美的创造。同学们，热爱你们自己，珍惜你们自己吧。因为——”

“你也是大自然完美的创造！”

5月24日 / 星期四 阴

“套着复习”和“不教之教”

《寓言两则》结束了。停下来，从《长城和运河》开始，朗读课文、抄写字词。一路紧赶慢赶，一路马不停蹄，当“新知”还剩两课和一个“练习”的时候，连续三天复习，令师生都觉得轻松舒服。但如果老这样，学生又会觉得沉闷厌倦。前三单元复习结束之后，回头再上新课。《争论的故事》《剪枝的学问》结束之后，再来复习四、五、六三个单元：朗读课文、抄写字词。然后学习“练习8”，然后测验第八单元，然后是第二轮复习。

第二轮复习中，课文还是要朗读的。总是读课文，孩子还是会觉得沉闷厌倦，于是在课文朗读的中间，插入音乐欣赏；插入“基础训练”内容：从阅读材料中挑选出知识性、文学性较强的小段子，比如《荷塘月色》片段和小资料《生物链》，读一读，画出词语抄一抄。

在课程即将结束的时候，偏不结束课程，“挂起”两课复习。是这挂起的两课，让孩子们觉得新课还没有结束，保持住一股向上的心劲；也是这挂起的两课使得复习可以分段进行而不至于冗长单调。

前松后紧、套着复习，这是我一以贯之的节奏。这是师生都觉得舒服的节奏。

本学期，由于时间紧张，课堂作文只写过“习作1”“习作4”两篇看图作文。其余习作题目都与单元试卷里的作文题目一样，于是只在测验中写。写作之前是“充分地说”。

这样的“合并”原本出于无奈，原本只是为了节省时间。然而一个学期下来，作文和日记使得教师可以在家长会上说：“上一届，我基本废止了命题作文；这一届，我将基本废止作文。为什么？写作原本不是作文课上能够学会的事情；学习写作的唯一途径就在于天天读、天天写。在我们班，是每周三篇日记。到目前，已有三分之一的同学能够写到每篇三四百字，三分之一的同学能够写到每篇两三百字，三分之一的同学每篇一两百字——而且都是自命题。总体来说，本班平均习作质量已经超过教材上的习作例文。至于那些日记写不长、写不好的个别同学，再多训练、再多作文课也是没有用的！真正的阅读和写作，都是独自完成的。课堂上，教师只能做——也只应当做对于多数同学最为需要和适宜的事情。那就是让眼睛浸泡在文字里，让耳朵浸泡在书声里，让心灵和大脑震荡在感动与思维里。这样的课堂教学，其最终目的还是让孩子逐渐获得独自阅读、独自感动、独立写作、独立思考的能力。”

日有所诵、手不释卷，还有每周一组的日记朗读，还有读书课上的日记欣赏，还有每学期一次的日记结集成书，还有刚刚念诵的“洛阳亲友如相问，一片冰心在玉壶”和“鸟儿愿为一朵云，云儿愿为一只鸟”。所有这些，都是我的作文教学，我的不教之教。

张思凡父亲张献在周记里说：“很为孩子性格的内向怯懦感到忧虑，希望老师在课堂上多提问他，多给孩子锻炼的机会。”恰巧本周就轮到张思凡所在小组逐个到教师跟前朗读日记，于是教师当即就说：“张思凡，现在你就到座位上去，把《奶奶打腰鼓》好好地、大声地练习三遍。读书课上，你上台读给我们听！”

上班路上，遇见李宋杰。孩子兴致勃勃地告诉我：“薛老师，你发给我们的‘老树’和‘奇妙的自然，美妙的你’，每次带回家我妈妈都让我背下来了！”

“很好呀！”教师开心极了，仿佛艺人演出得到了热烈的捧场，同时想起上周李宋杰所读日记的结尾：“听着他们的朗诵，我在想，下次老师会让谁表演呢？”

“下星期，老师在班上招募朗诵人的时候，你就把你在家背诵的事情告诉大家。下下一周的朗诵，我派一段文字给你！”

有意让孩子在班上说，是有意让孩子点燃孩子。其效果，往往强过教师的号召。

这也是我的教作文。

> 要使孩子们进入阅读的预备状态，就要让他们接触大量的“铅字”。不是图画，而是文字。他们需要让自己的目光沉浸在这些铅字里，就像是再幼小一点的时候，他们让自己的耳朵沉浸在大人的交谈之中一样。（《学习像呼吸一样自然》第13页）

> 在我的教师生涯中，对待拼写差的学生最有效的帮助，就是几乎什么也不做，只要告诉他们别担心，同时要他们开始进行大量的阅读与书写。（《学习像呼吸一样自然》第40页）

正阅读约翰·霍尔特的《学习像呼吸一样自然》。尽管他主要说的是学龄前儿童的学习状态——儿童及成人应该好好珍惜并终生保持的最自然、最有效的学习状态；尽管他说的是英语的阅读、拼写和习作，然而，读到的这些话，仍然给我欣逢知己的巨大快乐。

五一之后，天气一直干晴。一夜透雨，让空气变得滋润凉爽。现在，学生在写字词，而我则坐在教室门口读《学习像呼吸一样自然》——芳草如茵、好风如水的初夏，感觉真舒服。

5月25日 / 星期五 晴

“我发现”

25. 争论的故事

今天，盛老师给我们讲了一个故事：

“从前，大山脚下有座小村庄。小村庄里住着以打猎为生的兄弟俩。

“一天早上，一群大雁从他们的头上飞过，兄弟俩很想射下一只大雁来充饥。哥哥说：‘我要是能把大雁射下来就煮着吃。’弟弟说：‘再好的东西，一煮还有什么味道呢？依我看，只有用火烤才好吃。’哥哥不以为然，大声争辩道：‘你这话不对，大雁就该煮了吃。烤了吃，烟熏火燎的，能有什么好味道？’弟弟很不服气：‘鸭子不是可以烤了吃吗？皮香肉嫩，味道多美呀！为什么大雁就不行呢？’

“兄弟俩争论不休，谁也说服不了谁。这时有个老人经过这里，兄弟俩就找他评理。老人觉得他俩说的都有一定的道理，就建议说：‘你们把大雁剖开，煮一半，烤一半，不就两全其美了吗？’

“兄弟俩都很满意，谁也不再说什么。可是，他们抬头一看，大雁早已飞得无影无踪了。”

故事讲完了，盛老师笑着问大家：“你们听了这个故事，有什么感想呢？”

“这兄弟俩真笨，白白让大雁飞跑了。”

“不是他们笨，而是他们没有抓住时机。”

“兄弟俩这样争论下去，时间白白浪费了。”

“不管做什么，关键是要先做起来。”

…………

盛老师聚精会神地听着，不时地向同学们投去赞许的目光。

课文内容很简单。单引号的使用、人物分段说话时候双引号的使用、十二个小圆点的省略号的使用是本课教学重点。

翻到新课，径直朗读。除了一个“剖”字，整体听起来正确流利。读的中间，不时有人相视而笑。也许是在笑兄弟俩的可笑，也许是想到了薛老师讲故事。

盛老师聚精会神地听着，不时地向同学们投去赞许的目光。

教师含笑看着大家："老师的目光是怎样的目光？"

"赞许的目光！"

"为什么？"

"因为我们读得好！"

"还因为你们和课文里的小朋友一样积极思考、踊跃发言！告诉我，读完课文，你有什么发现？"

"单引号！"一个声音高叫着，"三、四两段，兄弟对话和老人的建议都用了单引号！"

"为什么？"

"话里有话。"另一个声音脱口而出。显然，能在这时脱口而出，是因为已在平时多次见过单引号。这时的发言与其说是发现，不如说是展示——展示自己在自然状态下的自学成果。

"'话里有话。'真好！请大家跟我，啊不，是跟着他连说三遍：话里有话单引号！"

"话里有话单引号！话里有话单引号！话里有话单引号！"

"让我们再次体会，什么是话里有话单引号。先给课文段落标上序号。"

下面起了小小的争论，有人说是11段，有人说是12段。教师宣布正确答案是12段。“当然是12段了！因为省略号的前面空了两格！”意见得到教师支持的人得意地说。

“老师，我发现第11段的省略号不是6个小圆点，而是……9个小圆点。”

“不对！是12个小圆点。”

“从前我们遇到的省略号都是6个小圆点，表示同一个段落的后面省略了一些内容、一些话。今天我们遇到的省略号却是12个小圆点，这表示……”

“省略了12句话！”一个孩子抢着回答，然后跟着大家笑了。“如果是整段文章或诗行的省略，可以使用12个小圆点来表示。”说完，教师写“整段文章或诗行的省略”，学生跟着记。其实，这种用法，也是教师今天备课的时候才注意、才知道的！真正的现学现卖，真正的热乎馒头。

“扫视课文，告诉我，12段中，几段是故事？也就是说，哪几个段落是盛老师讲给同学们听的‘争论的故事’？”

“二、三、四、五——四个段落！”

“好，我们就读这四个段落。故事开始了！一、二两组是哥哥，三、四两组是弟弟，老师读其余内容。除了兄弟对话，还要注意老人的建议——注意单引号的使用。‘从前，大山脚下有座小村庄。小村庄里住着以打猎为生的兄弟俩……’”

一遍读完，调换角色再读一次。

“我发现，刚才朗读的四段里，双引号的使用和以前见到的不一样。”

“有什么不一样？”随着追问，很多孩子仔细看书，很多孩子要求发言。

“讲故事的四个自然段，每段都在开头用了一个双引号，前三段的结尾都没有双引号，只有最后一段才在段落结尾用了双引号。”

“猜一猜，这是为什么？”

“到第四段故事才讲完。在前三段，故事还没结束呢。”

教师灵机一动，竖行排列着，在黑板写上：1、2、3、4、5。

然后从讲台“肚子”里掏出一件丢弃很久无人认领的套头装，“哗啦”一声，把一大串钥匙撂在衣服中间。指着钥匙说：“这就是故事。现在我有一个好故事，争论的故事，我要怎样做才能送给你们？”

“讲出来！讲给我们听！”

“从前，大山脚下有座小村庄。我开始讲了呀。”教师在数字“2”的前面标上双引号，同时提起衣服一角，“一段讲完了我接着讲，一共讲了几段？”

“四段。”

教师在数字“3”“4”“5”的前面逐一标上双引号，标一次提起一个衣角，标一次提起一个衣角，最后捏着衣服四角，提起来，“故事讲完了，故事就在这里面了。我要把它送到你们手里，还要怎样做才能送得牢靠？”

“扎起来……把包裹扎起来。”一个声音试探着说。

“对！扎起来！把包裹扎起来！”教师东找西找，终于找到一条黑乎乎的抹布。一片笑声中，教师把“故事包裹”的四角扎了起来，笑嘻嘻地，得意扬扬地——悠着，荡着，丢给第一排的谢旭东，“接住啦。放心，不会松开，也不会丢掉的。因为我把它扎起来了。”

“给我！老师，把故事包裹给我嘛！”有人大声请求着。

“看这里，”教师转身，“这里的四角还是散的呢！怎么办？”

“双引号！给第5段的结尾加上双引号！把它扎起来！”

教师奉命而行。

“扎起来了！”学生舒心了，同时满意地看着黑板上的故事包裹：

“1

“2

“3

“4

“5”

“老师，我还有一个发现！”李旭冉站起来，“那个老人的建议不是太好。应该让兄弟俩赶紧射雁，一人射一只，煮一只，烤一只，不是更好吗？”

“我也有一个发现，”施淑静轻声细语地说，“这个故事和《寓言两则》里的《鹬蚌相争》是一个道理。这兄弟俩，就好比是鹬和蚌。”

“兄弟相争。”教师慢慢说。

“大雁得益！”学生急忙接上。

“读了课文，你有什么新发现？”这是看云的老套子。

所谓老套子，其实是教师在长期教学实践中逐渐形成的、相对稳定的、个性化的节奏和模式。是这种相对稳定的节奏和模式，使得同一班级、同一教室里的孩子获得了一种秩序感、安全感和归属感。或强或弱，都知道努力——都知道该往哪个方向努力。

所谓创新、所谓突破，应当在相对稳定的框架内平和自然地进行，仿佛树木生长的不易察觉但又实实在在。过分热情地追求创新和突破，过于频繁、过于猛烈地冲决秩序，将使学生疲于奔命，无所适从。最终恐惧学习，逃避学习——步履艰难而踉跄，或者干脆躺倒，不再前进。

“我发现，这和《寓言两则》里的‘揠苗助长’是一个道理。”写到这里，看云大呼。

“常识而已，显而易见的道理。你到今天才发现——真丢人！”小安不屑一听。

5 月 28 日 / 星期一 阴

听着，看着，享受着

因为时间紧张，也因为《奇妙的自然，美妙的你》集知识性、趣味性、文学性、观赏性为一体，是真正的图文并茂、文质俱佳，舍不得不让学生都读。所以今天教师更早来到教室，更早发下文字材料。7:15 开始，在教师的要求和提醒下，先到的孩子坐定了，拿起纸来念念有词。陆续进来的看见了，赶紧放下书包，坐定了，拿起纸来——念念有词。

听见了孩子的障碍，教师在黑板上给“孵”“獭”“蛤”“溺”“喷”注音。学生也跟着注音。之后的念念有词，越发流畅，越发兴致勃勃。

7:30，预备铃响了。学生早已摩拳擦掌，跃跃欲试。于是径直让他们分拨朗读：一、二两组读“毛虫”“海獭”和“海豚”，三、四两组读诗歌。因为这是全无压力的游戏和竞争，更因为文字及内容本身的引人入胜，所以孩子们读得有情有韵——所以教师很为自己“读不好，就不要看图”的威胁觉得羞愧。

十分认同苏霍姆林斯基的观点：考查学生阅读理解力的最为简单和可靠的方法不是做试卷，而是给一份陌生然而适宜的阅读材料，要他们直接朗读。那些能够读得流利通顺并且富有语感的，必定就是具备很强的阅读理解能力的。

一篇好的文字，其实就是一个完整鲜活的生命体，一个相貌圆满、声音悦耳的人。生命体最重要的特性就是系统性，是细节与细节之间、部分与部分之间、部分与整体之间的一脉相通。“一花一世界，一土一如来”——每一段落，每一句话乃至于每一个“非如此不可”“非如此不顺”的词语和标点，都和生命整体有着千丝万缕的联系，都是生命整体的微缩，都可以从中照见整体的“一”。并不需要把细节一点一点做连续的割除和变更，并不需要累积割除和变更的“量变”达到所谓“质变”，才可以觑见部分对于整体的重要。对于一篇好的文字而言，细节就是整体本身。变更或者割除一点，整体也将变成另一个——一个似是而非的赝品。

当然，要识别赝品，需要高超的鉴赏力，需要有内在的眼睛和耳朵，觑见“那人”的相貌不再依旧，听出“那人”的声音不再依旧——于是“那人”也不再是原来的那一个。

那些灵秀的孩子，之所以能够在发声的第一句就能做到流利通顺、富有语感，是因为他们具有开阔的思维视野、灵敏的感悟能力及对于包括其自身在内的世界的完整性、统一性的良好体验和把握。这就像我们在观赏一处名胜的同时，眼睛的余光能够自然且毫不费力地看见周遭风光和四围背景。而真正的名胜，绝不会是孤单单的一点一处，真正有内涵有生机的名胜，一定是和周遭风光四围背景合而为一的。譬如白云徜徉在青天，睡莲慵懒于碧水。“这是我的手臂”，一位科学家灵活地、不无自豪地挥动着他那强壮的上肢，“一旦它离开了我的身体，你还能再说它是我的手臂吗？”

是大量的、高品位的阅读和朗读使孩子具有开阔的思维视野和灵敏的感悟能力，使孩子体验并把握了符号世界（也即现实世界）的完整性、统一性。于是孩子在读“这一句”的同时，并不需要动脑，就已经自然而然地“看见”下一句，把握住整体情感基调。所以，给他们一份陌生然而适宜的阅读材料，从第一句开始，第一遍他们就能读得流利通顺并且富有语感。

需要强调的是：可以用来考察孩子的阅读材料，一定要是真正的美文，是健康美好、鲜活完整的生命体。如果情况相反，如果我们给孩子的是一堆令人掩目不及、掩鼻不及的文字垃圾，一个病态的、丑陋的邋遢鬼，一具没有生命气息的拼凑物——那么，越是灵秀聪慧的孩子，他们的厌恶就越是强烈。这种源于高贵的厌恶，必定使朗读变得痛苦不堪。王小波说：面对这样的东西，多么希望自己是文盲。

轮读之后，是分角色朗诵。鲍秉轩、张悦媛、马静婷分别朗诵“毛虫”“海獭”和“海豚”，李旭冉朗诵诗歌部分。

教师举书，随着朗诵从容翻页。学生兴奋地看见——已经读过的仿佛第一次看见：金色的虫卵、斑斓的毛虫、破蛹而出的蝴蝶；浮动的海藻、蓝色的水母、怀抱石头的海獭；翻腾的海浪，洁白的水花，海浪中一条一条高高跃起、欢笑着扎入水中的海豚。

看着、听着——享受着。他们不时转头去看朗诵者，目光里满是敬佩和羡慕。

5月31日 / 星期四 雨

节律

一

今天检查日记，第四组的盛建福荣读的是：

5月30日　星期三　晴

我最喜欢的两首歌

今天，老师又给我们听了一首新歌。

我一开始以为又是《人约黄昏后》，谁知道老师在黑板上写了两行字：

民乐合奏

彩云追月

在听的过程中，我判断出中间一段是用箫吹奏出来的。

从前我以为世界上只有流行歌曲才好听，听过《人约黄昏后》后，我才领悟到，不只是流行歌曲才好听，老歌也很好听。所以，当你觉得烦躁的时候，不妨听听悠闲的歌曲。自打听了《人约黄昏后》，我就觉得它是老歌里最好听的一首。

今天，听了《彩云追月》我才知道，好听的音乐其实很多。只要你留心，就能发现许多好听的音乐。

哦，对了，再告诉你们一个好消息：三年级时候转到南京去的常睿琪要回来了，不过是在暑假，而不是现在！

二

小安正读英国琳·欧德菲尔德的《自由地学习》。下面三段是小安强读给我听的。

小安的朗读是全校最棒的。观点完全契合，情感强烈认同——我听见的朗读，真如音乐一样美妙：

目前，人们对情感智力，即一些人所说的“情感读写能力”愈来愈重视，这就要求给孩子们的成长以充分的帮助和滋养，通过多种方式使其成长为“文化人”，包括身体的、灵魂的、心理的。这绝不是过早地“灌输”读写技能，而是提供一种环境，使多种多样的思想和感情交流的方法都得到尊重和培养。情感智力是关于认识自我的能力，有了这样的能力，也能找到认识他人的方法。在华德福幼儿园，理解能力和自我存在的安全感是通过每天的节律和重复建立起来的。

节律和重复是全世界成人经验的一部分。比如世界上许多种神圣的宗教仪式提供了崇拜形式。人们通过沉思、打坐、诵读、祈祷、忏悔、斋戒、庆祝、纪念等信仰活动与精神相连。在这些古老的活动中产生出一种安全感，投入宗教组织中得到安全感成为许多教徒个体生活的一部分。

通过许多成人对于“常规”的依赖，我们可以理解每天生活中节律和重复的重要性。许多成人一天的生活就是从简单然而重要的苏醒习惯开始的（起床前听特定波段的电台，搁上水壶，放猫出去等），而当这种简单的常规被干扰，一整天的节律就可能紊乱了。对孩子来说，知道将会发生什么，是非常重要的。孩子们通过重复发生而得到“那是什么”的信息，使他们对那些在游戏里和与他人交往中面临的新挑战，产生安全感和熟悉感。

（《自由地学习》序一）

三

这是怎样让父母放心的情景啊！这是怎样令人深愿没入其中，从而得到洗涤、陶冶和休憩的节律：每天早晨，在“吸气时间”，在故事的“月亮船”上；在晨光中，在烛影里；在故事结束，烛光休息的告别时刻——华德福幼儿园的孩子们跟着老师，自然模仿着老师的词语和姿势——没有任何记忆压力的，每天诵着：

我像一棵老橡树高高地站立，
我伸展开去触摸星星。
我想拥抱这个世界，
我们是一家人。
你好，早晨。
你好，早晨。
为金色的谷类，树上的苹果；
为金色的奶油，茶中的蜂蜜；
为水果、坚果和鲜花，生长不息；
为鸟儿、兽们和鲜花，我们每天感激。

6月 June

做能做的，其余交给信仰和祈祷

6月4日 / 星期一 阴

做能做的，其余交给信仰和祈祷

一、现场

一、二组读“蛇”“鸵鸟”“大猩猩”，三、四组读诗；然后是李卓然、唐雅馨、李宋杰、鲍秉轩合作朗诵，其他同学边听边看图；然后是三、四组朗读“蛇”“鸵鸟”“大猩猩”，一、二组朗读诗歌部分。

基本程序和上周一样。下周、下下周也是如此这般——

依律而行。在我看来，在给定的时间里，这是能有的最好操作了。

谁能一口吃下比自己大得多的东西？当然，是蛇，有的蛇竟能吞下一头小猪。大多数蛇吃鸟类、啮齿动物和昆虫。蛇的视力不好，所以它很少主动出去捕猎，而是守株待兔，等着食物从身边经过时再去捉。

蛇是冷血的爬行动物，它靠晒太阳来保持体温，到了冬天就冬眠。蛇每过几个月，就会蜕一次皮，因为它越长越大，原来的皮就显得小了。

蛇居住在沙漠、山丘和丛林里，也有一些住在水里和树上。小蛇是从卵中孵出来的，它们一出壳，立刻就能自己照料自己。

凶悍却又慵懒，灵敏却又怪异。这是蛇，这也是看云的属相。如此不同寻常的第一段交给聪慧不同寻常、要强也不同寻常的李卓然，显然很恰当。开局很重要——本色演员，最易出彩。

谁都知道鸟儿会飞。这些鸟儿骨头是蜂窝状的，分量轻，很适于飞翔。

可你知道吗？有些鸟儿却生来不会飞。其中一种是鸵鸟。非洲鸵鸟是世界上最大的鸟，大约 2.5 米高，93

千克重，它们的骨头是实心的，这使它们能跑得很快，还能狠狠地踢它的天敌来保护自己。

还有一种不会飞的鸟儿是企鹅。企鹅在陆地上行走时一摇一摆的，可笨了。但它光滑溜圆的身体游起泳来却非常灵活，它的翅膀也像桨一样，帮助它在水面上快速滑行。

唐雅馨就要离开这里去宁波和爸爸团聚了，所以上周，当“应招”的孩子纷纷举手，教师特意把“鸟儿”嘱托给了唐雅馨。九月之后，到四年级，唐雅馨和她班上的好朋友，一定会想起今天的情形，想起唐雅馨活灵活现的声音。

大猩猩激动的时候会尖声号叫或用手拍打胸脯。但是在没有受到伤害时，它们总是温和的，还有点害羞。

大猩猩的宝宝很像人类的小孩，当它出生的时候，几乎什么都不会，一刻都离不开妈妈。长大一点后，它每天大部分时间都在玩儿，不是和伙伴们互相抢东西，就是在树枝上不停地攀上滑下。

大猩猩非常聪明。有一只叫“可可”的大猩猩跟着聋哑人学习英语手语，它学会了将近500个单词。当人们问它是一只动物还是一个人时，“可可”用手语回答：“我是好动物大猩猩。”

李宋杰平素说话尖声细气，不大适合朗诵。可是他多想朗诵啊。“听着他们的声音，我在想，下次老师会让谁朗诵呢？”孩子日记里透着的渴望和不自信，格外触动了老师的心。“一定要有力量，一定要有男子气！”事先教师再三叮嘱。今天，从李宋杰的声音里，果然听到了大猩猩的文雅但又不失威猛。

“下周还让他朗诵。”教师当时做出决定。

发生在李宋杰身上的飞跃，一定要在全班同学——尤其是男生中间大大彰显。如此才能期待飞跃一个接一个地发生。对于儿童来说，最好的榜样，不是专家，而是水平略高一点，提升略快一步的身边伙伴。

鲍秉轩负责诗朗诵。毕竟是第二次表演了，他的声音极富气势和感染力，一再把朗读推向高潮。

都知道周一清晨提前几分钟到校，加之节奏紧凑，因此今天有时间做简单讨论。现在想来，讨论在今天，在一本书的中间进行，真是最合适不过的时机啊。

教师举起书，封面正对着全班：“读！”

“奇妙的自然，美妙的你！”

“再读！”

“奇妙的自然，美妙的你！”

“奇妙在哪里？”学生纷纷抢答——

“毛虫头部的两侧，居然排列着一打眼睛！”

“蛇竟然可以一口吞下一头小猪！”

“负鼠宝宝刚出生的时候只有蜜蜂那么大！”

“鸵鸟不会飞，因为它的骨头是实的，太重了；可是这样一来，它的腿劲就很大，能踢死敌人。”

…………

教师再次举书：“读！”

“奇妙的自然，美妙的你！”

“再读！”

“奇妙的自然，美妙的你！”

“有话要说吗？”

“老师，我在哪里呢？”

“这是老师要问你的呀！奇妙的自然，美妙的你——你在哪里呢？”

“不要害怕与众不同，你会比别人做得更好。”一个男孩高叫着。在他的启发下，一批孩子不约而同地念：“你做事宁可慢点，也要把它做得最好。可遇事总爱磨蹭，也不是个优点。”

“还有呢？”

于是所有人一齐呐喊：“对朋友要友爱和气，也要学会保护自己。”

铃声响了。铃声中，全班齐读诗歌。因为“我”在，因为诗里有自己，所以他们的声音听起来格外自豪也格外温暖：

蛇蜕皮可真有耐心，
一寸一寸慢慢腾腾。
小蝌蚪一点点地变，
终于变成美丽的青蛙。

你做事宁可慢点，
也要把它做得最好。
可遇事总爱磨蹭，
也不是个优点。

鸟儿并不都是一个样，
有的吃鱼，有的吃水果，
有的吃种子、蚯蚓，
还有的吃蜗牛。
有的鸟会飞，有的不会，
有的鸟甚至会游泳。

不要害怕与众不同，
你会比别人做得更好。

大猩猩性情平和，
总是很文雅，
在没有遇到危险时，
它们从不发怒，也很少打架。

当别的动物从身边走过，
长颈鹿从不去打扰它们。
可是谁要伤害它的宝宝，
就别怪它的蹄子不客气。
对朋友要友爱和气，
也要学会保护自己。

二、思考

没有时间做更深、更细致的讨论。今后两周的朗读课上，即便有时间，我也不再组织讨论，宁可让他们把诗歌多读一两遍。若在从前，值得讨论却不讨论，我会觉得遗憾。遗憾对于好东西吸收不够、发掘不够、提炼不够、升华不够。

担心吸收不够、发掘不够、提炼不够、升华不够，这是我经常遭遇的不安。然而《学习像呼吸一样自然》的作者却明明白白地告诉我：我们唯一应当忧虑的，是孩子的目光在铅字里浸泡不够，是孩子的耳朵在书声中浸泡不够。而当讨论在这“两不够”的背景下进行时，所有的发掘和提炼，都是没有根基的——很难深入孩子内部成为孩子“自己的发现”。

感谢约翰·霍尔顿，是他帮助我克服了几乎所有教师都有的顽症：深植于灵魂内核的、强烈到不可遏止的指导欲望和教育冲动。恨不得抓住每一个机遇、每一份材料、每一处空间、每一段时间——竭尽所能地提问、检测、启发、告诉。否则就觉得没有尽到责任，否则就有由衷的愧疚。

这种欲望和冲动，在给教师带来满足感、成就感的同时，也带来了焦灼和压力。活在我们身上的那个叫作“教师”的恶魔（约翰·霍尔顿的说法），在把我们折磨得唇焦口燥、筋疲力尽的同时，也在不知不觉中把孩子变成容器和被驱赶的动物。那些装进去或者看起来装进去了的东西，孩子是否有时间、有能力、有兴趣将其内化，那是我们无暇追究也不敢追究的。只是教、只是教、只是教；只是帮、只是帮、只是帮——教育和帮助也会成瘾的——有时候帮助得越多，我们就越不敢相信孩子能够自己学习、自己发现。

对于有些孩子来说，如果你不填不灌，他真的就一生肚里空空；对于有些孩子来说，面向班级、步调一致的讨论，打乱了他们固有的缓慢节奏，从而使他们小心翼翼伸出的

“直觉的触角”变得更加怯懦和畏缩；对于那些喜欢挑战、热衷表达的孩子来说，讨论则给他们提供了腾跃的标杆、展示的舞台；对于很多孩子来说，发生在教室里的讨论，无论是参与还是倾听，都是一种见习，是通往独立发现、独立思考的必经之路。

无论你怎么做，无论你做得多么好，都只能契合一部分人的需要。

既面向全班，又面向每一个，这种两全其美的好事永远不可能在教室发生。

我不会愚蠢到因为约翰·霍尔顿而将讨论全盘否定。正如我不会因为赞赏他的绝大部分观点就同意取消学校教育。

一切教育理论和教育主张的产生，都源于当时当地的具体背景。面对各种各样的理论和主张，我们需要做的是根据自己的情况，各取所需。

对于我这有着强烈的指导欲望和教育冲动的自大之人来说，对于我这希望凡事都能日有所进的狂躁之人来说，尤其需要透着从容舒缓的节律感的“浸泡之说”的浸泡。“尤其需要”的意思是：做到从容舒缓，做到教学和生活有节律，第一得益的是我自己——这将使我免于焦灼和压力的折磨。

有时间、有兴致了，讨论还会组织，启发还会进行。然而，不再负着从前的使命和压力。我不再自取其苦地以为，学生离开了我就不会学习。

没有压力的感觉多么好啊！学生的压力来自教师，教师的压力呢，一方面来自对该信任的不予信任，一方面来自对“上帝也无能为力”者的过分负责。自以为应当，自以为能够——从根本上改变每一个学生。

重要的不是是否讨论，重要的是是否有压力。为了完成教学任务，师生已经承担了够重的压力。在此背景之下，完全没有压力的朗读和阅读，更显珍贵。在完全没有压力的朗读和阅读中，学生随其根性的自然生长，也许更真实、更有效。

对于学习母语而言，第一重要的是浸泡。然而，朗读课上读得再多，也算不得浸泡。教师的良苦用心在于，通过朗读，牵着孩子的手，同学结伴、师生结伴，试探着进入水中；教师的目的在于，孩子能够在海洋里自在遨游。

然而我又如何知道，孩子是否因此而渴望遨游，能够遨游？我又如何敢保证，自己做的，正是孩子需要和合适的？

做能做的，其余交给信仰和祈祷。

6月11日 / 星期一 晴

恭敬美好事物

第一部分：现场

胡婧怡是本班朗诵最棒的，“雪藏”她到今天，这是教师的有意为之。积极报名却至今没有机会表演的“能人”还有好几个，我不会把优质资源在起始阶段全部用尽——下学期，我还要把朗诵推向深入。

一连五周朗诵，孩子难免会觉得单调。这中间，我在语文课上给他们讲“真正的绘本”《克里克塔》。“克里克塔”的故事，《图画书：阅读与经典》里有，上学期讲过。那时候能看见的图画，只有小小的几幅，那时候他们就很开心。如今，看见小小的克里克塔盘在主人的怀里，婴儿似的闭着眼睛惬意地喝着牛奶；看见长大了的克里克塔穿着那么长——那么长的毛衣，孩子似的在雪地里窜来窜去……孩子们开心极了。

诗歌部分交给了胡婧怡。有她在，即便其他同学表现稍弱一些，也能确保整体效果不会差到哪里——学生依然可以感受到美好事物的美好。

李宋杰是因为上次表现突出而进入这一次朗诵的。“狮子”交给了李宋杰，是希望他能继“大猩猩”之后，将威猛的感觉固定下来。“绿海龟”交给了金佳岷，一再叮嘱他不要摇晃身体。李智炫的“河狸”篇幅相对短些。“老、老师，您放心吧。您不是星期二把材料交给我的吗？星期三我就背、背熟了！我还要背得更熟，我还要读其他同学的任务。”上周四，略有口吃的李智炫热切地向我报喜。

今天的效果，如我相信和期待的好。李智炫的响亮和流畅，给中间赶来听课的严老师、冼老师留下深刻印象。就朗诵而言，孩子们正在走向独立、自信和成熟。一个接一个，一个带一个——如同春天来了，蔓延的草色一日浓过一日。这是他们自己在长。

“我喜欢狮子。捕猎失败了，它不埋怨同伴也不责备自己。”

“小绿海龟真不容易，一生下来就要自己挖一条通道去大海。它们能活下来，真的好艰难。”

“河狸也很了不起。辛辛苦苦修好的堤坝，常常给河水冲垮。他们不灰心，一次又一次地修啊补啊。”

分组轮读、朗诵、讨论，再全班齐读诗歌部分——程序和上周一样。多出的一个问题是："请朗诵的同学告诉大家，你是怎样准备的。"

"我在里屋大声读，房门关上了，妈妈在外面听。"

"我先把整段话从头到尾读顺、读熟了，然后才开始背。"

"我对着镜子读，对着镜子背。看自己站得直不直，身体摇不摇。"

第二部分：思考

一、这就是绘本的好处啊

先看胡婧怡（小荷儿）新近贴出的两篇日记：

2007 年 5 月 14 日　星期一　晴

《原始森林里的老树》

《原始森林里的老树》是一本我早就看过的绘本，也是老师今天早晨给我们讲的绘本故事。

早读课上，薛老师先让我们读一篇课文《恐龙》，然后便讲起了绘本故事——《原始森林里的老树》。不，应该是薛老师和叶少华合作的。叶少华一边读，薛老师一边翻动那本书的页面，《原始森林里的老树》这本书上每页都有图画，每一幅画都很漂亮。

叶少华读着读着，我们突然发现这本书里的文字都有一个规律：第一页有一行字，第二页有两行字，第二页的第二行字就是第一页上的那一行；每一页都增加第一行字，下面是重复上一页的字。慢慢地，我们都能跟着叶少华一起背了。老师问我们谁能单独站起来和叶少华一起背，李旭冉举手了。李旭冉接得很好，我们给他热烈的掌声。

终于读完了，老师问我们，听了《原始森林里的老树》有什么发现，全班好多同学都回答："我发现了生物链。"朱翔宇大声地抢着说："一个动物吃另一个动物，少了哪一个，它们都无法生存。"

希望下次读书课，老师喊我来读。

2007年5月28日　星期一　晴

读绘本故事

早晨读书课刚上完，又开始选下个星期读绘本的人选了。

每次的读书课，都会从上一次的人选中留下一个最好的，再参加下次的读绘本，这次是鲍秉轩；还有一个男生，也是这次的人选，是李宋杰。接着老师又问：哪些女生愿意参加？全班只三个女生举手，我、李卓然、唐雅馨。因为要的人选是两男两女，所以只能选两个女的。我以为老师会选我，没想到选的是李卓然、唐雅馨，老师叫我下下次参加，如果到时老师忘了，还让我提醒老师。

你猜，我为什么希望参加读绘本故事？因为我觉得这是一个光荣的任务。每当听到他们在大声朗读时，我都很羡慕他们，总想有一天，我也能大声朗读绘本故事。

回家后我告诉了妈妈，妈妈笑着说："那太好了，你有更多的时间来准备。"妈妈让我把所有发过的资料大声朗读出来，她来做评委。读完了，妈妈说还不错，就是轻重缓急掌握得不太好；我又一遍一遍地读，一遍一遍地练。

下次读绘本故事，我一定要好好表现！

都是星期一，都是关于朗读课（其实是朗诵课）的记录和感受——可见朗诵在她心中的位置。对照自己同一天的日记，教师觉得很有意思；想到发生在教室里的每一件有意思的事情，都有孩子在记录，教师觉得挺幸福。

说是“绘本故事”，其实从“老树”开始，文字已经占了主要分量。可是，在孩子看来，“老树”也好，“奇妙”也好，它们就是绘本。所以，相比于白纸黑字的文章，孩子就格外乐意朗读，格外乐意背诵，格外容易随画面而不知不觉地融入文字。

这就是绘本的好处啊。

二、这正是我要看到的

语文课上，学生习惯了“写完字”就自由阅读。最近，不少孩子完成作业后就拿出“资料”念念有词。也许他想参加下一次，也许他并不打算报名。这样做，只是因为喜欢，只是觉得好玩。就像我们当年听到《射雕英雄传》之《铁血丹心》或者《上海滩》之“浪奔浪流”，就情不自禁跟着沉醉，跟着哼，全不管自己的粤语是如何蹩脚可笑——因为那歌太美，因为那时候我们觉得自己和太美的歌曲融为一体了。

闲聊时，常常问及学生对于朗诵的感觉。比较典型的，是上周五和聂大伟的一番对话。

“聂大伟，平时你诗歌背得挺好，可为什么没见你举手呢？”

“我想参加来着！可我怕朗诵不好。老师，我还在家练习过呢，那天我背的是负鼠，可是我背不下来。我想先在家里练一练，等我也能背得熟、背得响了，我就报名！”

“哈哈，我相信，现在背不下来的段落，如果老师布置给你，你就一定能背下了，对不对？”

“对！”

“希望下次读书课，老师喊我来读。”

“下次读绘本故事，我一定要好好表现！”

摩拳擦掌啊，急不可待啊。藏在强烈的表现冲动背后的，是对融入美好事物的强烈渴望。为此，母女俩在家身心投入地准备着：

> 妈妈让我把所有发过的资料大声朗读出来，她来做评委。读完了，妈妈说还不错，就是轻重缓急掌握得不太好；我又一遍一遍地读，一遍一遍地练。

要知道，胡静怡可是本班朗诵最棒的孩子。“小荷儿”尚且如此，其他可想而知。对于朗诵——对于美好的文字和美好的声音抱有一份虔诚恭敬的心，这正是我要看到的。

传播乃至创造美好事物的前提，是对美好事物怀抱一份虔诚恭敬的心；让孩子怀抱虔诚恭敬之心的前提，是让孩子震慑于、融合于美好事物之美好。

三、南辕北辙的天天读、人人练

语文教师都希望学生能热爱朗诵，为此大家做了各种努力。最常见的就是按照座位排定的自然顺序轮流朗读。课前五分钟，学生或者自备材料，或者接力朗读教师指定的“安徒生”“皮诺曹”之类。也许因为我的耳朵格外没有福气吧，在那种情况下，路过走过——我就没有听到过一次像样的朗读。上面的一个磕磕巴巴，下面的一群叽叽喳喳。

当然，这和教师的大多不在现场很有关系。为什么不在现场呢？大约教师自己也不能忍受“困难学生”所带来的由耳及心的折磨吧。教师自己不能忍受的折磨，为什么要让学生忍受并习惯呢？忍受并习惯的代价是孩子内在、外在的听觉都变得粗糙麻木，继而丧失对于语言的敏感性。

也许有人认为：这样的一个接一个，这样的天天读、人人练，很公平，很利于学生朗读水平及阅读兴趣的普遍提高。然而看云要说的是：即便不是“碰巧”遇到了的磕磕巴巴加叽叽喳喳，我也可以断定，这种唯量是求、没有品质要求的天天读、人人练——是地地道道的南辕北辙。

既非选拔，又非自愿，更无亲切鲜活的榜样的召唤和引领，如此天天读、人人练，“难以卒听”是必然出现且必然蔓延的。如果是我，听见让人痛苦的朗读，也会捂住耳朵或者发出另一种声音以抵消、减轻我所遭遇的痛苦。对应于磕磕巴巴的叽叽喳喳，恰是孩子们为了保护语言的敏感性，为了呵护内在的向美之心，所能做出的消极而无奈的努力，这是孩子们自己没有意识到的。

久而久之，原本有着良好天赋的孩子，会渐渐失去对于朗诵的热情；而那些原本语感较差的，则一生错过了接近朗诵、喜悦朗诵的机遇。因为在教室里，在自己“身处其间”的生活的洪流中，他没有得到应有的熏染、浸润和淘洗。

一只木桶最终能装多少水，取决于最短的那块木板。

没有品质保证的轮流锻炼的结果，只能让班级整体语言素养和阅读兴趣朝着木板最短的方向去。

四、也是一个接一个

妈妈让我把所有发过的资料大声朗读出来，她来做评委。读完了，妈妈说还不错，就是轻重缓急掌握得不太好；我又一遍一遍地读，一遍一遍地练。

面对美好文字——蕴藏着美好声音的美好文字，“一遍一遍地读，一遍一遍地练”，这样的事情，如果你从未做过，你怎能说自己是个自觉提升语言素养的合格的语文教师？看云以为：使得朗读水平得以提高的，不是台上次数有限的锻炼，而是台下充分漫长的努力。是有了动机和欲望之后，独自进行的修习和磨炼。在教室里，在朗诵课上，有动机有欲望的那些孩子——他们格外专注地倾听和吸收，其实就是一种独自进行的修习和磨炼。

如果没有动机和欲望，如果不是因为“觉得这是一个光荣的任务”而在家“一遍一遍地读，一遍一遍地练”，教师一厢情愿地给多少次锻炼机会也是没有用的。“锻炼”越多，就越疲沓、越麻木。

更真实、更重要的锻炼，总是独自进行的。更真实、更重要的提高都是在内部实现的——因为有动机和欲望，因为“希望下次读书课，老师喊我来读”。

对于米开朗琪罗的《创世纪》而言，更真实、更重要的创作，是在他拿起画笔，爬到教堂穹顶之前。当他开始涂抹，所做不过是把已经完成于内部的创作呈现出来——上帝和亚当已在眼前，就是那个样子，不可能是别的样子。对于米隆的《掷铁饼者》而言，更真实、更重要的创作，是在挥动锤头和凿子之前——是从浑朴的巨石里认出掷铁饼者：听见了他深而匀的呼吸，触摸到了他柔而韧的肌肉，体验到了铁饼沿完美弧线飞出一瞬的巨大快感，凿击和雕刻，不过是把已经完成于内部的创作呈现出来。

让学生亲近朗诵，从而用声音亲近美好文字、美好境界的最好方法，不是一视同仁地给予频繁的锻炼机会，而是坚守品质标准，恭敬美好事物。让孩子看见，让孩子听见——让孩子只看见、只听见美好文字的美好。这就需要选拔，这就需要安排——这就有了先后优劣的区别和搭配。“一视同仁”是不可能的，也是不应该的。一视同仁的真正含义是教育者或领导者没有因材施教、对症下药的理念和能力，完全一视同仁的结果，必是整体水平朝着最低方向去。

选拔、安排、区别、搭配——效果亮起来，掌声响起来。看见同伴的表演，听见热烈的掌声，看见掌声中的同伴显得前所未有的光亮和美丽。而这份前所未有的光亮和美丽，是美好的文字赋予的，也是同伴努力获得的。同伴风光，势必激发孩子“我也如此”的欲望。于是暗暗心动，于是悄悄行动。这也是“一个接一个”，这更是一个带一个。

当然会有一些孩子最终也不参加——不参加就不参加呗。“夫物或行或随，或嘘或吹，或强或羸，或挫或隳。”世上没有一件事情是所有人都必须参加的。一部分人不参加，那才自然，才合乎道啊。即便这样，对比被迫制造令人痛苦的声音，对比被迫糟践美好的文字，毫无压力地享受美好事物，哪一样更容易让那孩子亲近朗诵、亲近美好事物呢？

6月13日 / 星期三 阴雨

此时此际

第八单元测验情况汇总：

95—99分，14人；

90—94分，17人；

80—89分，23人；

70—79分，4人；

60—69分，2人。

进步明显需要隆重表扬的有六人：施俊瑞（90），肖君军（90），高尚（91），施淑静（92），朱丽丽（93），李玉雯（93）。

七、八两个单元的测验，时间隔了这么久，战线拖了这么长，是因为在此期间将一至七单元复习了一遍。“全区统考”定在25日，包括本周，还有两个星期时间复习。

余下的日子干什么呢？复习，读书，听音乐，有兴致的时候给他们讲讲小故事。总之很舒服的啦。对我而言，这个学期已经结束。

复习以自主复习为主。比如刚刚结束的这堂课，教师布置的任务是复习一、二两个单元的生字词（此前每课字词已经抄写两遍）。学生根据自己的情况，有选择地抄写。抄哪些，抄几遍，全由自己决定。完成任务就看书。觉得完全掌握不需抄写的，就径直看书。

一盘《经典民族音乐》从头到尾地播放着。曲名按顺序写在黑板上：《彩云追月》《二泉映月》《高山流水》《阳关三叠》《平沙落雁》《渔舟唱晚》……

“你们要是安静呢，老师就把音量往小里调。乐声越小，就越证明了我们三（2）班的同学安静、优雅、可爱。”

写的写，读的读；也有趴着闭目养神的，也有望着窗外树色发愣的。养心丝竹一点一点地低下去，到后来，直如穿堂而过的清风——融着甜润的栀子花香——若行若止，若有若无；沁人心脾，深入骨髓。

看云是深爱民乐的，听过无数次，每个旋律、每个节拍都早已烂熟于心的曲子，在这里，在教室，在语文课堂上，当我和60个或读或写或闭目或愣神的孩子一起似听非听地享受——感觉，是不可言说的美妙。

销魂当此际啊！此时此际，音乐与童真融合为一，直如山涧、柳色、朗月、渔歌一样，洗涤我，轻拂我，映照我，滋养我。

付出何求啊！此时此际，所有的艰辛都得到了回报。

至于自主复习是否有效，除了信任，我别无选择。因为选择不信，就是选择了痛苦。教师的，学生的——原本可以免除的痛苦。

从来不听写，从来不检查课文背诵，从来不检查课文默写。我对课文背诵的重视远不及“日有所诵”。

统考也好，测验也好，学生个人分数总是有高有低，班级总体成绩总是时高时低。这就对了呀！所谓教育，就是让儿童顺应天性地发展自己。

对于那些学习能力和自觉性较弱的孩子而言，如果压住了勤写苦练，分数确实能够“上涨”一点。可我坚定不移地相信：纯粹为了考试，老师强压着灌进去的东西，考试过后，他们必会原封不动地还给老师。更不要说那种以少数弱生为依据而组织的勤写苦练式的复习，会连累优秀孩子跟着做许多冤枉作业，无谓地消耗掉许多生命的能量和激情；更不要说那样做会让我气急败坏，身心俱损。这种气急败坏其实是一种精神毒素，它又势必要连累得整个班级遭受病痛——尤其是中等以上的大多数孩子。

所以啊，拿10个100分换我的“此时此际”，我也不干。

何况，100分大多不是勤写苦练可以得到的。靠着勤写苦练熬来的100分，代价太大，何足欣哉！

对那几个“六七十分”的来说，信任也是必需的、应当的。学习是一辈子的事情，学习对于弱孩子来说是更艰难、更需要学习的事情。比起死灌硬压“涨”得的几分，他们更需要的是信任，是和大家一起放松享受的“此时此际”。事实上我看到的情况是：在自主复习时间里，那些弱孩子从来都是片刻不停地忙碌着——不止一次，已经下课了，李想、周子善还在埋头抄写。那时我跟他们说：“歇一歇，玩一玩吧。放松放松好上数学课。”

需要补充的是：如此信任、放松的前提是六七十分的孩子一般不超过 10 个，如果很多，也许我就不这么想、不这么做了。怎么想，怎么做呢？至少今天，那不是我的事情。

好累好充实的一个学期啊。

终于可以说：“对我而言，这个学期已经结束。”

6月16日 / 星期六 阴

“我怎会有那么好的一对朋友呢？”

最要好的朋友

方子妍、方子裕是一对双胞胎，从一年级开始，我和她们就成了好朋友。

尽管我们很亲密，有时还是会吵起架来，吵架的原因都是很小的事。比如：她们叫我玩一个游戏我不想玩，她们就会生气。可吵架后，第二天我们一定还会和好。

有一天，我们把自己的愿望都说了出来。我说：“我的愿望是希望我每次考试都会考得很好，还想让我爸是一个亿万富翁，还有一个愿望是我们几个长大都能考上同一个高中或大学。”方子妍和方子裕说的和我一样。

啊！我在自己的心里想，我怎会有那么好的一对朋友呢？

这篇日记的作者是郭乐。郭乐是我最喜爱的学生之一。有个小故事，我已多次讲给朋友听。今天写在这里，希望郭乐一家看见并喜欢。

某天晚上，教师照例散步，适逢郭乐和她“最要好的朋友”在那里玩赛跑的游戏。嘻嘻哈哈，快乐至极——从头到尾，她们都不知道有一个热心观众的存在。

“这是起跑线，都站这里！都给我站好了！注意姿势，不许偷油！”这是郭乐略为低沉的声音。比起细细巧巧、一模一样的那两个，郭乐显得高大而又壮实。

“预备——跑！”显然，在这场比赛中，郭乐兼任了运动员、裁判员——也许还有教练员。

然后听见“啪啪啪啪”急促的奔跑声，然后听见郭乐因为兴奋而不复低沉的声音：“第一名！第一名！我是第一名！哈哈哈哈，谁在最后啊？谁是老三啊？”

“方子妍！”黑暗中，一个尖尖的声音喊。

“方子裕！”黑暗中，“同一个”尖尖的声音喊。话音未落，三个人已经站在了一起。

“哈哈！”教师笑了。大白天也难分彼此的两个人——黑暗中，我看郭乐怎么判！

“胜利啦！胜利啦！我们胜利啦！”黑暗中，三个人抱在一起，欢呼雀跃于“我们”的胜利。呵呵，这才是游戏的最高境界啊。

啊！我在自己的心里想，我怎会有那么好的一对朋友呢？

结尾这一句，无心流淌的这一句，包含了多么青葱稚嫩的惊讶和满足。这是儿童才有的对命运、对缘分的好奇和感激。这种好奇和感激，乃是世界和生命得以永葆鲜活、灵动、温暖、明亮的古老而又清新的根源。

6月18日 / 星期一 阴

激活与顺应

一、现场

1

当动物在野外死了，它们就成了其他食肉动物的美餐。甚至小昆虫也能成为其他昆虫的食物。剩下的不能吃的部分，就变成肥料，帮助植物生长。

当一棵植物死去，它也会倒在地上。经过许多年的日晒雨淋，它们的枝干渐渐腐朽、分解了，变成了土壤中的养分。大自然可真是个再循环利用的能手啊！

2

花啊，树啊，动物啊，
都只有短暂的生命。
当它们死去，
把空间留给其他的花、

树和动物去生长。

当一个生命死了，
它并没有真正离去，
而是换一种方式活在世上。

你可曾有个心爱的宠物死去了？
不用说那是非常伤心的。
但那可爱的小宝贝，
将永远活在你的心里。

3

大自然是如此奇妙，
但它并不追求完美无缺。
你也是大自然里一个小小的成员，
它教给你智慧，你给它爱。

因为是最后一次，所以特地把任务交给了叶少华、胡婧怡。叶少华诵第一部分，胡婧怡诵第二部分，然后两人合诵第三部分。之前之后，学生分组轮读、合读。一切依律而行，没有一句讨论和回顾——清清爽爽、干干净净。

下周一考试。这是本学期的最后一个早自习，这也是朗诵课的完结篇。当初未做任何规划，可是事情的发展，真比规划的还要完满和富有戏剧性。

二、思考

朗诵开始于叶少华，因为他的母亲唐礼群可以辅导——可以让教师在比较省劲的情况下，得到一堂有质量保证的朗读课。

“老树”交给叶少华的时候，只要求他能够配合着教师的翻页，响亮、流利、有语感地朗读。书有两本，一本是网友“秋天的鱼”从桂林寄来的，一本是添置班级共用图书时买的。没有想到的是，叶少华竟然能够背诵；更没有想到的是，李旭冉能够当堂与之合作朗诵。这个李旭冉，上学之前母亲总是疑其患有多动症的李旭冉，思维活跃，发言积极，说话总是“嗯嗯嗯”。为这个，教师不知道批评过多少次，甚至不止一次地威胁：“嗯嗯嗯，嗯嗯嗯，再这么嗯嗯嗯，你就再也不要发言了！”

可是那一天，当堂听会的背诵，李旭冉居然做到了一字不错、一次不“嗯”！不仅是教师，所有同学都惊呆了。也许就在那一天，“嘭！”，很多孩子被激活、被点燃了。

在儿童学习过程中，指出和纠正错误是没有用的。要紧的是竭尽全力，让孩子对于美好的、有意义的事物专心致志、全神贯注。当孩子对美好的、有意义的事物专心致志、全神贯注，一些看似难以克服的痼疾，真的可以不治而愈。因为在这样的时刻，孩子体会到了自己和世界、和美好事物是相通和融合为一的。当孩子全身心、全然放松地融于世界、融于美好事物的时候，因对环境戒备、隔膜、不信任而产生的种种痼疾，也在不知不觉中融化、消失——约翰·霍尔顿一再强调的这个观点，在李旭冉身上得到了很好的证明。

这就是专心致志、一门深入的好处啊。

人是如何通过朗诵或者讲述和美好事物融为一体的？

在第三届“亲近母语”论坛，在教师讲述大赛决赛赛场，梅子涵如是说：“当一个好的故事从你的嘴巴里有滋有味地讲出来，当听众因为你的讲述而馋得直流口水，故事就是你的，你就是故事的主人。安徒生是谁？不重要！格林是谁？不重要！震荡于心灵的，只有你的故事；回响在耳边的，只有你的声音；充满视野的，只有你的嘴巴。好大好美的一张嘴巴啊！哦，那是好故事流出来的地方，那是全世界最漂亮、最神奇的一张嘴巴！”

孩子们之所以能够一个接一个、一个牵一个，沉醉于美好的文字，聚拢于美好的文字，就像在清朗的夏夜，围绕着熊熊燃烧的篝火放歌、起舞，就是因为他们看见，他们自信：只要我愿意，只要我努力，我也可以拥有薛老师那样一张神奇的嘴巴——成为篝火，成为美好事物的中心。

最好把美好的事物比作蒲公英，把神奇的嘴巴比作风。到明春，当娇艳的花朵灿烂了遥远的别处，你能说那些比金子还要亮丽的花朵，只是去年蒲公英妈妈的孩子，而不是风的孩子？

叶少华进入第二次朗诵，星期日在叶少华家进行、由唐礼群负责的“彩排”，其实是一种培训。第二次彩排在张悦媛家进行，负责指导的是张悦媛的母亲，还有叶少华。第三次彩排该去鲍秉轩家的，可是，因为紧接着“六一”的是周末，孩子都进市去玩了，四个“演员”没能同时到齐。周一才知道的没有彩排，让教师有点不满和担心，然而很好的结局让教师惊喜地发现：彩排已经不需要了。因为，对于有心的孩子来说，每一次朗读课上全神贯注地聆听和观看，就是在接受指导和培训。

从那以后，交付任务之前，教师只需叮嘱：“背下自己所领任务的同时，把其他同学的任务连着读几遍。”——就行啦。

是意外的小偏差，让教师发现了孩子的成长。

对于计划而言，好的结局当然是计划得到了严格的执行，更好的结局则是在实施的过程中修正计划。因为当你规划的时候，再怎么具有动态发展的眼光，你所预见的都只是站在起点的想象——而事情，尤其是富有生命力的事情，一旦启动，是会自己长的，而且往往长得比“生产者”预见的迅速、漂亮。

如果事情是你出于喜欢自找的，无论是跟头把式地被“事儿孩”拖着跑，还是惊见“事儿孩”的迅速成长，“事儿妈”的感觉总体都是快乐的。

也是在第三届“亲近母语”论坛，朱自强说：“儿童心灵绝非一张白纸。教师要做的，绝非在白纸上绘制最新最美的图画。儿童是特殊文化的拥有者。孩子好比是一根葡萄藤，葡萄藤上结出了甜美的葡萄，不是因为园丁的辛勤栽培，而是因为儿童自己就是一根葡萄藤。儿童又好比是一粒种子，种子的生命力是他自己先天具有的，教师要做的，是激活蕴藏于种子内部的生命力，锄草、浇水、施肥、剪枝……为这株幼苗的茁壮成长提供适当的帮助——顺应儿童发展的内在需要，使孩子成为他自己。”

6月21日 / 星期四 阴

在操场上

我和小安形影不离。除了上课时间的必须离开，我们总在一起。佛典、童书、绘本、诗歌、教育理论、儿童心理学……在这充满愤懑、疲倦、无奈、压抑的日子里，是这些说也说不完的大而无当、玄远清高的话语，为我们拢住了一星摇曳的信心之火、力量之火。

下班我们总是一起离校。孩子似的手拉手，放着直通校门的捷径不走，偏要绕道而行：先从三（2）班过一下，再从二（1）班过一下，确信孩子都离开了，确信教室打扫干净门窗关好了，然后到操场。

天清气朗的下午，萨克斯管吹出的《回家》回荡在空中。

我们俩先是并肩坐在花坛的水泥沿儿上，然后盘腿坐在操场的中间，面对着面——叽叽咕咕！叽叽咕咕！

“哗！”一个脚踏旱冰鞋的男孩疾驰而过，然后一个急转弯，回过身来，兴高采烈地喊：“老师好！”

“周子善好！”我答道，同时朝他摇摇臂。摇臂，这是我的习惯动作，三年下来，很多孩子于不知不觉中染上了这个习惯。

“薛老师好！”当很多孩子一起热切地朝你呼唤，一起热切地朝你摇臂的时候，空气中顿时卷起一股暖流——来自童心的，只为你而起的暖流。这个时候，再怎么宠辱不惊，再怎么定力充足，也难做到心如止水、不起波澜。何况是我，一朵容易激动的云。

“喂，你注意没有，我们周子善，笑容多灿烂，目光多清澈！”

“嘁！你们班的孩子，个个都灿烂，个个都清澈！”小安撇撇嘴，“全校就你们班学生最漂亮、最可爱，而且还是‘个个都’！”

“还真不是‘个个都’，”我说，“当然，我永不会说那是谁。可是如果那孩子就在这里，像你这么眼尖的，一下就能看出。因为那孩子的目光已不再清澈。这都是长期遭受‘父母污染’的结果啊。一个孩子，如果父母是极不厚道的，无论最初多么烂漫纯净，也会渐渐失去烂漫纯净。

“所以鲁迅先生告诫青年：预备结婚时，无论如何要见过未来的丈母娘再做决定。因为今天的情侣，无论多么清纯可爱，若干年后必定就是乃母的样子。”

“就是二年级，也能从孩子眼神里看出父母的心地、性情了。有一种孩子，无论成绩多好，教师都很难喜欢。小小年纪，骨子里就透出来自父母的刻薄油滑——如果再加上厌学、滋事和不守纪律，就别提多讨厌了。怎么办呢？”

“对比日久年深、入血入骨的‘父母污染’，教师必须承认教师作用的绝对微弱，放弃使其发生根本转变的妄想，怜悯之，包容之，必要时候忽略之，节省下宝贵的心力，浇灌值得——或者更值得浇灌的孩子。对有些家庭，教师需要扪心自问的是：我是否尽到爱心，是否辜负了孩子及父母；对有些家庭，教师需要问的只是：我是否尽到责任。‘对于那已经有的，必给予，使他更多；对于那少的，必夺，使更少。’”

“嗯，我也反对机械意义上的一视同仁。读《论语》，最让我感觉贴心温暖的地方，就是孔子他老人家也不同意以德报怨，而是主张以直报怨，以德报德。”

“所以孔子才是圣人啊。就说朗诵吧，也许有人觉得看云的眼里只有强者和班级；也许有人觉得看云是在扶强弃弱、加速两极分化。现在我就从弱孩子的角度，说说那样做的道理。

“‘此人之肉，彼人之药’，这是王小波最爱引用的一句西谚。意思是说，对我来说既美味又滋养的一样东西，对你小安来说，可能就是要命的毒药。不止一次，我留意到周子善在课堂上朗读课文的样子，真真让人心紧心疼。目不转睛、声嘶力竭，太阳穴和脖子两边的青筋都暴起来了，恨不得把整张脸、整个人都投到课文里去！这就是学力不足的孩子啊。只要留心，以后在课堂上，小安你也一定能够触目惊心地看见：一篇课文，是如何耗掉了一个孩子大量——也许是全部的精力。不止一次，下课铃响了，同学们都去玩了，周子善还在一边写，一边哭。因为他也想玩啊；因为他比谁都累，比谁都更需要休息。

“数学和语文不同，数学是不可以囫囵吞枣的，所以数学老师经常利用体育、音乐课给周子善、王涛、李想、李玉琢他们订正、补习；所以这些孩子在校度过的每一天，都比别人辛苦、沮丧。很多个清晨，看见这些孩子背着书包蹦进校门，脸上挂着灿烂而新鲜的笑容，我就不能不深受感动——如果是我，我是否能够这样灿烂而新鲜地笑着，迎接格外辛苦、格外沮丧的每一天？周子善、王涛回家几乎从来不做作业，李老师一直很气，可我从来不气，因为我看见他们在学校已经耗尽心力。不是忘记，不是偷懒，更不是不把老师的话放在心里，而是一旦回家，一旦回到父母一心忙于生计、完全不能给予学习帮助的家里，羸弱的他们，已经完全没有力量独自进行艰苦的学习。

“所以，对于这些孩子而言，放松就是给予，包容就是爱。事实上，正是这种放松，这种基于体察的放松和不强求一致，使得这些孩子能够不被隆隆向前的集体的车轮轧扁，能够在车轮以外，艰难地、以自己缓慢的节奏跟着走。王涛从三年级开始喜欢写日记了，为了鼓励他，我常常给他打满分；今天抽查《飞鸟集》选段，周子善举手并背诵：‘群星不怕显得像萤火虫那样！’教师也好，父母也好，我们所要关注、所要珍重的，只应当是孩子付出的努力，而不是分数。我曾把朗诵比作围绕篝火的圆圈舞，这些弱孩子，如果不能期待他们成为美好事物的中心，就期待他们成为舞者或者快乐的观众吧。对弱者而言，超出能力的期待和要求，往往带来不能承受的压力，往往导致不可逆转的两极分化。

“苏霍姆林斯基说：‘给予完全的耐心，付出全部的努力——然后是等待，等待思维的苏醒。’至于思维会在什么时候苏醒，苏霍姆林斯基的原话是：‘我们完全不知道！’所谓伟人，就是格外坦诚的人啊。星期一，检查A、B卷——三年来，这是我们唯一与教材有关的家庭作业，而且写话和习作从来不做。为什么？日记认真写，做是没必要；日记不认真，做也没有用。发现一个男生的B卷是妈妈写的。孩子告诉我：昨天晚上，都十点半了还没有做完，妈妈就代做了，为的是让他赶快睡觉。你说，我能怪孩子和母亲吗？当然不能，对于这样的母亲，教师只有同情，只有感动，只有感谢！”

“真是可怜。所以啊，多读书、多思考总是对的；所以啊，明事理总是好的。明事理的好处，不仅在于能增强我们行动的力量，而且在于能够让我们的行动减少盲目性：少做无用功，少生很多气，少结很多怨——少造很多孽。很多时候，放过了孩子，就是放过了自己。很多时候，看似负责的步步紧逼、穷追不舍，其实是错把毒药当美味，其实是把孩子那点原本微弱的信心之火、力量之火给彻底扑灭了。”呵呵，小安的话，怎么听都像是看云说的。这就是形影不离的好处啊。

“作为教师，谁都希望自己的努力得到认可。据你所知，看云最引以为豪的褒奖是什么？”

“什么？”

“在今天，就是周子善的灿烂笑容。这是发自内心的一团亲热和全然放松。真心希望班上的每一个弱孩子，面对我的时候，都能忘记了自己的不足和羸弱。实实在在，那不是他们的过错啊。”

期末测试（高新区5校联考）前50名62中占15名，三（2）班10名。他们是：

胡婧怡（1），李卓然（5），马静婷（6），项文静（15），朱翔宇（16），韩玉琤（19），王方波（20），晏楚芸（25），高陈（35），郭乐（41）。

附/录

Appendix

索 / 引

班／级／书／单

中国作品

系列图书

“哇！历史原来是这样”系列：

狐狸家／编著

《吃饭简史》
《洗澡简史》
《看病简史》
《上学简史》
《出行简史》
《货币简史》

中国连环画经典故事系列：红色经典故事1（全10册）：

连环画出版社

《地雷战》
《地道战》
《小武工队员》
《小兵张嘎》
《狼牙山五壮士》
《闪闪的红星》
《水上交通员》
《霓虹灯下的哨兵》
《智取华山》
《湘江侦察》

单本图书

《安的种子》
王早早 / 文，黄丽 / 图

《宝葫芦的秘密》
张天翼 / 著

《兔子作家·天使羊大夫》
张玮 / 著

《阿凡提的故事》
赵世杰 / 编译

《嘭嘭嘭》
童喜喜 / 著，含含 / 绘

《蜘蛛先生的葬礼》
李姗姗 / 文，毛微微 / 图

《孙悟空在我们村里》
郭风 / 著

《慢小孩》
迟慧 / 著

《太阳小时候是个男孩》
李姗姗 / 著

《月亮小时候是个女孩》
李姗姗 / 著

国外作品

系列图书

绘本大师汉斯·比尔作品系列：

[荷兰]汉斯·比尔 等/文，[荷兰]汉斯·比尔/图，王星 等/译

《达芬奇想飞》

《小棕熊的梦》

《小象欧利找弟弟》

……

“乐天派玛德琳”系列（全6册）：

[美]路德维格·贝梅尔曼斯/文·图，任溶溶/译

《玛德琳》

《玛德琳的救命狗》

《玛德琳的圣诞节》

……

“法布尔昆虫记”系列（全10本）：

[韩]高苏珊娜/编著，[韩]金世镇 等/绘，李明淑/翻译

《蔬菜大食客 菜粉蝶》

《地下毒王 狼蛛》
《大自然的清道夫 粪金龟》
……

“新美南吉绘本珍藏版”系列（全3册）：

《红蜡烛》 [日]太田大八/绘，林静/译
《鹅的生日》 [日]渡边洋二/绘，林静/译
《喜欢孩子的神仙》 [日]二俣英五郎/绘，林静/译

《男孩的冒险书》（全3册）：
[英]康恩·伊古尔登、[英]哈尔·伊古尔登/著，李煦、曲业洋/绘，孙崭/译

《男孩的冒险书1》
《男孩的冒险书2》
《男孩的冒险书3》

谢尔·希尔弗斯坦作品集：
[美]谢尔·希尔弗斯坦/文·图，傅惟慈等/译

《爱心树》
《失落的一角》
《失落的一角遇见大圆满》
《阁楼上的光》
……

单本图书

《活了 100 万次的猫》

[日] 佐野洋子 / 著，唐亚明 / 译

《小淘气尼古拉的故事》

[法] 勒内・戈西尼 / 文，[法] 让－雅克・桑贝 / 图，戴捷 / 译

《女巫》

[英] 罗尔德・达尔 / 著，任溶溶 / 译

《窗边的小豆豆》

[日] 黑柳彻子 / 著，[日] 岩崎千弘 / 绘，赵玉皎 / 译

《绿野仙踪》

[美] 莱曼・弗兰克・鲍姆 / 著，陈伯吹 / 译

《吹牛大王历险记》

[德] 戈・奥・毕尔格 / 著，王克澄 / 译

《洋葱头历险记》

[意] 贾尼・罗大里 / 著，任溶溶 / 译